歴史文化ライブラリー

106

渤海国興亡史

濱田耕策

吉川弘文館

原則として、初版で掲載した口絵は割愛しております。

目次

渤海国を見る眼——プロローグ

渤海国のイメージ

渤海国《ぼっかいこく》と聞けば、人それぞれに描く歴史像は多様であろう。おそらく世代によるが、日本海を越えてくる古代の友好国家として描く世代、また昭和七年（一九三二）三月に建てられ、近年では映画「ラストエンペラー」で回想される「満州国」の地に栄えた古代国家を思う世代もあろう。ともに、日本との友好を強調しつつ関心を引いた古代の外国としてである。

さて、渤海国は六九八年に大祚栄《だいそえい》が王権を樹立して以来、九二六年正月に末王の大諲譔《だいいんせん》が契丹《きったん》の耶律阿保機《やりつあぼき》に降るまで、十五代のおよそ二二九年の歴史をもつ。その地理範囲は、建国の初期から最盛期の第十代の大仁秀《だいじんしゅう》の治世（八一七年末、八一八年初〜八三〇年）を経て末期に至るまでに伸縮はあるが、ほぼ今日の中国東北部の三省（遼寧《りょうねい》省、吉林《きつりん》省、黒竜江《こくりゅうこう》省）を包み込み、南に下っては朝鮮半島のピョンヤン付近、すなわち大同江の北岸から東海岸の元山を結ぶ線、現在の休戦ラインのやや以北からの範囲である。その面積はおよそ遼寧省の約半分の八万、吉林省は約一八万、黒竜江省の約四六万を併せて約七二万平方㌔の面積と、これに今日の朝鮮民主主義人民共和国の約一二万平方㌔を加えて八四万平方㌔は、日本の二・二倍強の広さである。これに対して新羅《しらぎ》の地に当たる大韓民国は約一〇万平方㌔であるから、渤海はその八倍強となる。渤海の面積は新羅のおよそ八倍と広い。

この広範囲の地理からして、渤海史は現代の歴史意識におおいに関わってくる。朝鮮民主主義人民共和国、また大韓民国、中華人民共和国の歴史学界では渤海国史を自らの「民族史」に引きつけ、これを同化して理解する傾向が強い。

一方、日本の学界では、かの「満州国」を歴史の中に正当化しようと、「満州」と朝鮮の歴史の不可分な面を強調した「満鮮史」の体系が構築されたことがあった。そのなかで渤海国史が注目された。さらに古代日本との間に比較的に摩擦が少なかった外交関係が宣揚され、「満州国」と日本との欺瞞《ぎまん》の「友好」の歴史を渤海国時代に重ねあわせ、渤海国の歴史研究と史跡調査が盛んにすすめられたことがあった。

また、渤海国の範囲はロシアの極東部も覆っており、この地からも渤海時代の遺跡と遺物の発掘調査がすすめられている。ロシアの極東先住民族の歴史と文化を民族構成の歴史に位置づける立場からである。

この渤海国に連なる各国の経緯をひとまずおいても、現代から渤海国史を見る視角は、それぞれ所属する国家や民族の視点に引きつけられた歴史観や世界観に左右される面がなくはない。

本書の視点

本書は、一一〇〇年から一三〇〇年も前に及ぶ渤海王国の歴史を、今日の関心からも学ぶに価値ある歴史として蘇らせることに主眼を置いて叙述する。それは渤海を唐帝国の模倣や衛星国家と見ることに終止しない。この王国にはそうした面があることは否定できず、本書の叙述もまたそれに触れるが、しかし、新羅と対比して、渤海が日本の古代国家と外交が円滑に進んだことに満足を見ることもしない。あくまで渤海人を主人公として二二九年の歴史を今日に語らしめることを意識的につとめる。

そのために採用する手法は、(1)史料をして歴史を語らしめること、(2)同時代の唐、新羅、日本の歴史との関係の上で渤海史の個性をはっきりと照射すること、(3)渤海史を唐の模倣や衛星国と見ることでなく、また、日本との外交に重きをおくのでもなく、渤海史を個性的な歴史としてとらえることに力点を置く。そのため『続日本紀《しょくにほんぎ》』『日本三代実録』等の日本史料と、『旧唐書《くとうじょ》』『新唐書《しんとうじょ》』『冊府元亀《さつぷげんき》』等の中国史料等にもとづいて、渤海史を主人公としてこれを読み解くことにする。

一二二九年の渤海国史を躍動的に理解するには、歴史の変容をとらえる時代区分を設定することが欠かせない。

渤海国史の時代区分

だが、渤海史はこれまで時代区分が示されたことは管見の限りない。史的唯物論に立脚した中国史の区分に付随すれば、渤海史は丸ごと奴隷制の古代社会に含まれてしまうであろう。

ここではその方法とは別に、二二九年の渤海王国の歴史を、王権のあり方、外交の姿勢、経済の様相、そして文化の性格等に視点を置いてその変化をとらえ、つぎの四期に区分する。

第一期　六九八〜七六二年（六四年間）「武」の時代
第二期　七六二〜八二三年（六一年間）「文」の時代
第三期　八二三〜八七〇年（四七年間）「富」の時代
第四期　八七〇〜九二六年（五七年間）「商」の時代

さて、東アジアの古代国家の時代区分にはすでに新羅史を上代、中代、下代（上古、中古、下古）に区分した法が高麗《こうらい》時代の初期以来伝わる。この区分は王家の血統や仏教思想の導入などを観点とした区分法である。

先の渤海史の四区分法は、相互にはっきりと区分の一線が引かれる性質のものではない。時代の転換期が区分の前後に重なる。また、第三期は第四期とともに経済の発展と社会の変化から

「地方社会の時代」と特徴づけることも可能である。この時代は、渤海王権が盛んとなる対外交易活動を国家の体制に組み込むことができるかどうか、王権の潜在的な動揺期であった。

靺鞨諸族の社会

中国東北部の三省と朝鮮民主主義人民共和国の広域には、三世紀以来、扶余《ふよ》族の系統にある高句麗《こうくり》族、沃沮《よくそ》、濊貊《わいばく》の各部族が狩猟をおもな生業として生活していた。やがて、五世紀ではこの地に勿吉《もっきつ》が勢力を強め、やがて靺鞨《まつかつ》族がこれにつづいた。

一方、南の朝鮮半島では、鴨緑江の中・上流域に紀元前後から高句麗が台頭し、漢や魏《ぎ》の中国王朝が置いた楽浪《らくろう》郡や遼東郡の中央集権的な統治に抵抗をつづけてきた。三一三年には美川《びせん》王が楽浪郡と帯方郡を攻めその統治機構を解体させると、高句麗は半島にいちだんと大きな勢力となった。四一四年には、長寿王が父の勲績を顕彰して「広開土王碑《こうかいどおうひ》」を建て、広開土王（在位三九一〜四一二）が隣接した百済や粛慎《しゅくしん》、東扶余を征服した戦果を誇らしく刻んだ。

やがて、中国が魏晋南北朝の分立から隋唐の統一へとすすむ過程では、高句麗は北魏に通交し、また隋・唐とも通交と離反を繰り返しながら、東北部では靺鞨の諸部族を取り込んで勢力を強くした。この過程で首領に統率された粛慎や靺鞨の諸種族集団は、高句麗王権との関係のもとで相互に強弱の関係を形成しつつ、いくつかの大首領の下に多数の首領が統率される強弱の政治関係が形成された。高句麗王は、これら大小の首領層との間に「主」と「奴客《どきゃく》」の従属関係を結び、首領を媒介にして粛慎や靺鞨諸族を統治した。この統治法は移動性の豊かな狩猟生活を行なう部族民を統治するには緩やかながら現実的な方法である。

首領の存在

首領とは、渤海社会を理解するには欠かせぬキーワードである。そもそも首領とは「種族の頭」の意味に広く解釈されるが、種族の構成員との間には、擬制的血縁関係を紐帯として結合がなされていたであろうことが予測される。

首領にはそれぞれの種族に固有の語音の名称があったに違いない。これが中国の統治者や記録者からみれば、「首領」と漢訳されるのである。「首領」の種族語音を音写して種族固有の音を残した表記では、靺鞨諸族の後身に当たる契丹の語音では「舎利《しゃり》」がこれに相当しよう。契丹の歴史を叙述した『遼史』巻一一六の「国語解」に、「舎利」とは「契丹の豪民の頭巾《ずきん》を要裹《ようか》する者、牛駝十頭、馬百疋を納むれば乃《すなわ》ち官を給す、名づけて舎利という」とある「舎利」である。『五代会要』巻三〇・渤海には渤海の建国の祖たる乞乞仲《こつこつちゅう》象《しょう》を「大舎利乞乞仲象」と記録するように、舎利とは首領を意味する靺鞨語の音写の表記であろう。また、『冊府元亀』巻九七五にも、七四一年二月に越喜《えつき》靺鞨の「部落の烏舎利」が唐に賀正使として派遣されたとある。このことはまた、同巻九七一にも「其部落与舎利」と記録される。

さらに、『新唐書』巻四三下の地理志に、安東都護府《あんとうとごふ》に統括された九都督府が列記されているが、その一つに舎利州都督府がある。また『契丹国志』巻二にも「舎利 蒴刺《しょくし》」や「蒴骨《しょくこつ》舎利」などと、人名の接尾や接頭に現れる。舎利は靺鞨に広くみられる種族語の音写であることが頷ける。

さて、中国の正史のなかで異民族社会の習俗などを伝える四夷伝に、しばしば「首領」が現れており、異民族の土地を旅行した使者や僧の旅行記にも「首領」が現れている。異民族がしだいに漢文化に慣れ親しむと、この「首領」の名称は異民族のなかで違和感なく受容され使用されることになる。渤海国の二二九年間に、首領は政治的にも社会的にも、また経済活動の面においても、その性格が不変であったはずはないことにも留意しておきたい。

靺鞨と高句麗と海

靺鞨族の名は、日本史にもなじみがある。雅楽に「新靺鞨《しんまか》」があり、『日本書紀』には、欽明天皇五年（五四四）十二月に佐渡島に粛慎人が来航し、漁撈して去ったとの記録がある。天武天皇五年（六七六）十一月には、新羅使《しらぎ》の金清平《こむしょうびょう》に従って七人の粛慎が入京した。この月には、高句麗の残存勢力が新羅の使者に送られて筑紫にきたが、七人の粛慎は、新羅に帰順した高句麗治下の粛慎族であろう。

また、『続日本紀』には、養老四年（七二〇）正月に渡島《わたりのしま》津軽《つがる》の津司《つのつかさ》の任にあった諸君鞍男《もろきみのくらお》ら六人が靺鞨国に派遣され、その「風俗」を観察することになったともある。その結果報告が記録されていればさぞ価値があろうが、残念ながら鞍男らが渡海したかどうかさえ不明である。

一方、宮城県多賀城市は、古代律令政府が東北に建設した拠点都市として賑わったが、ここは「靺鞨国の界を去ること三千里」であると刻んだ石碑が七六二年十二月に建てられた（「多賀城碑」）。

このように靺鞨とその前身の粛慎が日本海や東北地方にその陰をおとしたことを見ると、靺鞨族は今日考える以上に日本海を往来し、交易や漁撈をおこなったと見なければならない。やがて頻繁になる渤海人の渡海の前史である。日本海が大陸から人と文物が往来した海域であったことが渤海国史を通して再確認される。

靺鞨と突厥

隋代には、中国東北地域では靺鞨族が勢力を強めていた。大きく区分して粟末《ぞくまつ》部、伯咄《はくとつ》部、安車骨《あんしゃこつ》部、払涅《ふつでつ》部、号室《ごうしつ》部、黒水《こくすい》部、白山《はくざん》部の七部に分かれるが、石鏃《せきぞく》(石製の矢じり)を用いた狩猟や戦闘の場面は驍勇《ぎょうゆう》であったという(『隋書』巻八一・靺鞨伝)。その南部を占めた粟末部は高句麗に接し、互いに侵攻することもあり、白山部は高句麗に付属していた。また部落の酋帥《しゅうすい》(部長)のなかには西の突厥に臣属した者もいた。

首領に率いられた部族は群小の部落に分かれるが、これらが隣接するより強大な勢力に付属することで、彼らは存在できたのであり、群小の首領は大首領との間に擬制的血縁関係をも意識したであろう。

一方、中国王朝は靺鞨諸族が高句麗や突厥、契丹に収合されることを警戒して帰順策をとった。隋末には酋帥の突地稽《とっちけい》が部族の千余家を率いて隋に降ったほどである。

六六八年、高句麗が唐と新羅の連合軍に敗北して滅亡すると、唐はこれら靺鞨諸族の一部を遼西の営州に遷し、また、大小の首領は平壌に設置された安東都護府の支配のもとで、故地に置かれた州郡の長官に任ぜられ、半ば自立の部族生活を保障する唐の羈縻体制に編成された。

＊　年月は史料に従って旧暦を採用している。

＊　史料の出典は要所のみ掲げている。基本は『冊府元亀』外臣部と『旧唐書』渤海靺鞨伝、『新唐書』渤海伝、また日本史料では『続日本紀』『日本後紀』『続日本後紀』『日本三代実録』（新訂増補国史大系本）等であるが、年月を追って記述したから、該当する史料を参照していただきたい。

＊　参考文献は掲載に限りがあり、研究論文は多く掲げられなかった。

＊　写真（口絵、図5・6・8・9）は、宋基豪氏（ソウル大学校人文大学教授）が撮影したものを氏の同意を得て掲載した。宋氏の好意に感謝したい。

「武」の時代

渤海国の誕生

渤海の建国は靺鞨《まっかつ》諸族を統治していた高句麗《こうくり》の滅亡に始まる。建国の運動は粟《ぞく》末《まつ》靺鞨の首領のひとり乞乞仲象《こつこつちゅうしょう》とその子の大祚栄《だいそえい》を中心とした勢力によっておこされた。

建国者の個性

『旧唐書《くとうじょ》』渤海靺鞨伝（以下、『旧唐書』伝と略す）には大祚栄の人となりを「驍勇《ぎょうゆう》にして善く兵を用いる」とある。この伝と『新唐書《しんとうじょ》』渤海伝（以下、『新唐書』伝と略す）の記録とを合せ考えれば、高句麗の末期、その中央部にあって高句麗に付属していた粟末靺鞨族の有力な部族の首領（舎利《しゃり》）であった乞乞仲象らは、六六八年に高句麗が滅亡すると、部族を率いて営州（現、遼寧省朝陽市）に移り住んだ。これは、唐が高句麗の残存勢力による復興運動を絶ち、その力を削ぐべく高句麗遺民を分断させた強制移住である。

営州付近には高句麗滅亡後の靺鞨族ばかりでなく契丹《きったん》族も早く居住していた。多民族社会が州治の周囲に形成されていたのである。

ところが、則天武后《そくてんぶこう》の治世の万歳通天元年（六九六）五月、契丹族の首領の李尽忠《りじんちゅう》とその義兄の孫万栄《そんまんえい》らは営州都督の趙文翽《ちょうぶんかい》を殺害する反乱を起こした。羈縻《きび》支配に不満があったのである。この反乱は李尽忠の死後、孫万栄が指導したが、翌年六月に孫が家奴に殺害されると壊滅してしまった。反乱の首謀者が配下の者に殺害される例は史上しばしば見られる。政府側の陰謀がありはしなかったかと疑われる。

反乱のなかで、粟末靺鞨族は首領の乞乞仲象と乞四比羽《こつしひう》らに率いられ、高句麗遺民をも併せ営州を離れて東に奔《はし》り、故地への回帰をめざした。遼河を渡り、太白山の東北地区に勢力を保ち、しだいに高句麗の遺民を糾合して勢力をつよめた。

武后はこの二つの勢力を懐柔する策をとった。乞四比羽を「許国公」に、乞乞仲象を「震国公」に封じて営州からの奔走を許した。おそらく震国公の冊封を契機として乞乞仲象は大氏の姓を獲得し、その子も民族名が当初にはあったであろうが、これを大祚栄と改めたのであろう。

建国の背景

乞四比羽は則天武后の懐柔策を拒絶したから、武后は大将軍の李楷固《りかいこ》と中郎将の索仇《さくきゅう》らに命じてこれを討伐させた。この間、『新五代史』四夷・付録第三では乞乞仲象は病死したとある。その後を継いだ子の大祚栄は勢力を率いてさらに東へ難を避けた。

李楷固の軍がこれを追走し深く入って来たが、大祚栄は高句麗の遺民と靺鞨族を動かし抗戦をつづけ、李楷固の軍を敗退させた。

時に、唐の北西では突厥《とっくつ》が契丹や奚《けい》を付属して強化された情勢のもとでは、唐は軍を東北に増派する道が閉ざされた。そこで、唐は靺鞨族対策を再考せざるをえなくなった。大祚栄はこの機をつかんで故乞四比羽の勢力をも取り込んで自立し、「震国王」を名のった。『旧唐書』では「振国王」とある。「震」とは東方を意味し、また「振」は復活を意味する。

この大祚栄の建国の年は、日本史料の『類聚国史《るいじゅうこくし》』（菅原道真編、九八二年）に転載された『日本後紀』（藤原緒嗣等撰、八四〇年）の記事によってのみ六九八年のことであるとされる。

建国の保障

大祚栄は、建国直後には唐との関係がいまだ整えられない不安定な情勢から、西の突厥に使者を送って関係を結び、また南の新羅とも関係を結んだ。このとき、大祚栄は新羅から官位十七等の中の第五位の大阿飡《だいあさん》を受けたと、九世紀の新羅の儒者の崔致遠《さいちおん》は「謝不許北国居上表（北国〈渤海〉の上に居るを許さざるを謝する表）」のなかで述べている。大阿飡は新羅の身分制では真骨の王族が得られる官位であったから、まずは、新興の大祚栄は王族待遇であるものの新羅の臣下とされた。

ただ、この上表文《じょうひょうぶん》はとかく渤海を新羅の下位に見ることに意を尽くしているから、渤海の建国の王が新羅の官位を得ていたこと、換言すれば渤海王は新羅王の臣下であるということの真偽を慎重に検討しなければならない。しかし、『旧唐書』伝にあるように大祚栄は「驍勇（いさましい）」であり、「用兵」に優れ、外交に敏《さと》かった創業の主であることは確かである。

大祚栄の勢力圏には、周辺の靺鞨諸部の大小の首領に率いられた部族がしだいに集合してきた。高句麗の遺民も集合してきた。こうして震国（振国）の勢力が拡張して強盛となると、唐は突厥や契丹を牽制する方策のひとつにその東に位置する震国を懐柔する策を打ちだした。

唐の懐柔策

中宗（在位七〇五〜七〇九）が即位すると、神竜元年（七〇五）ごろ、侍御史の張行岌《ちょうこうきゅう》を大祚栄のもとに派遣し、大祚栄に入貢をすすめこれを懐柔しようとした。大祚栄はこれに半ば応じ子の大門芸《だいもんげい》を唐の朝廷に送り宿衛させた。唐は王子の宿衛を評価し大祚栄の政権を承認して、大祚栄を冊封《さくほう》する使者を派遣することにしたが、契丹と突厥がしばしば唐の北西境に侵入してきたから、使者は渤海へ出かけることはできなかった。

ついで、玄宗（七一二〜七五五）が即位した後、唐は先天二年（七一三）二月に大祚栄を左驍《さぎょう》衛員外大将軍忽汗州都督《えいいんがいだいしょうぐんこつかんしゅうととく》渤海郡王と冊封し、やがて郎将の崔忻《さいきん》に鴻臚《こうろ》卿を兼ねさせ、冊書をもって大祚栄のもとに派遣した。冊封号の左驍衛大将軍は正三品の軍官であり、この冊封号は三代の大欽茂《だいきんも》の初回の冊封まで同じくすることになる。

さて、この冊封では大祚栄の嫡子の大武芸《だいぶげい》が桂婁《けいろう》郡王と冊されたようである。崔忻は冊封の儀礼が終わると帰国のルートを遼東半島に取り、帰路の旅順では黄金山に二つの井戸を掘った。水に恵まれない地域に皇帝の使者が井戸を掘削することは皇帝の恩徳を布くことを意味する。崔忻はこのことを記念すべく石碑を建て、「勅持《ちょくじ》節《せつ》宣《せん》労《ろう》靺鞨《まっかつ》使《し》鴻臚《こうろ》卿《けい》ノ崔忻《さいきん》、両口ヲ井《いど》ホリ、永ク記験トナス、開元二年五月十八日」と刻んだ。開元二年（七一四）のことである。

この碑石は日露戦争の際に日本軍に持ち去られて、当時の宮内省を経て、宝物を収蔵する振天府に秘蔵されたと言う。

靺鞨の渤海

ところで、大祚栄の冊封に関して注目されることは、冊封使の崔忻を「宣労靺鞨使」と冠したことである。『旧唐書』伝は「渤海靺鞨大祚栄」と書き始め、大祚栄の所属を「渤海靺鞨」とする。また、『冊府元亀《さっぷげんき》』外臣部・継襲二では「渤海靺鞨」とあり、また「靺鞨渤海郡王大祚栄」（『冊府元亀』帝王部・来遠、外臣部・褒異、七一八年二月）とも記録され、渤海が黒水《こくすい》靺鞨・払涅《ふつでつ》靺鞨などのように唐に朝貢する靺鞨のひとつとして現れる。『新唐書』伝も大祚栄を高句麗に付属した粟末靺鞨族の者とみており、両唐書ともに大祚栄の政治、文化的な所属を高句麗に付属した靺鞨族と記録する。

渤海の大祚栄を冊封する崔忻の使命を「宣労靺鞨使」と命じたこととあわせて、唐では大祚栄に率いられた渤海の勢力を靺鞨諸族のなかの一つの大種族とみていたことがわかる。

大祚栄が得た渤海郡王の冊封号は前漢の郡県制度のなかの渤海郡に由来する。また、新羅は真《しん》平《ペい》王（六二四年）以来、文武王（六六一年）までの諸王がやはり前漢の楽浪郡に由来して楽浪郡王と冊封された。このことは、唐は渤海と新羅の王を冊封するに、漢代以来の東北の郡名を王号に付してこれを外臣の地位に置き、両国を伝統的な版図に組み込む意謝であったことを意味するが、新羅は「楽浪郡王新羅王」と冊封されたから、郡王の他に本国の王とされたことが渤海とは異なり、渤海よりも一歩中国の版図の外であると認められていた。

ところで、大祚栄を靺鞨族とみるのは中国史料ばかりでなく、かの新羅末の儒学者の崔致遠もそうである。かの「謝不許北国居上表」のなかで大祚栄を高句麗の内部に移住した「粟末」の「靺鞨」であると回顧している。崔致遠がこの上表文のなかで大祚栄を粟末靺鞨族の者とみなすことで、渤海は唐の文化に遅れて浸透した、いわば文化度が低いと主張していることを差し引いても、おそらくこれらの記録の言うように、渤海王家の大氏は靺鞨族のなかでも粟末部の出自であろう。

さて、七一三年から七一四年にかけて、大祚栄は崔忻を迎えて渤海郡王と冊封されたが、その王権は今しばらく渤海靺鞨と呼ばれることはあっても、やがて靺鞨の呼び名を取り去って渤海とのみ呼ばれることになる。

このころの渤海の王子を描いたと推測される壁画がある。唐の高宗と則天武后の間に生まれた李賢《りけん》は六八四年に武后によって巴州（四川省巴中県）に流され、自殺に追い込まれた。中宗の神竜二年（七〇六）になって高宗の眠る乾陵に陪葬され、つづいて景雲二年（七一一）には追封されて章懐《しょうかい》太子と呼ばれることになり、妃の房《ぼう》氏も合葬された。

章懐太子墓壁画の使者

この墓は一九七一年に発掘されたが、墓道の壁面には狩猟出行、馬毬《ばきゅう》、儀仗《ぎじょう》、礼賓、侍従の図が五四幅にわたって描かれている。

このなかで墓道東壁の礼賓図（図1）に見える左から五人目、右からは二人目の使者に引きつけられる。豊満な顔立ち、襟《えり》を付けた長衣（袍《ほう》）で身を包み、両手は拱手《きょうしゅ》している。冠には鳥の羽状の挿し物が二本あって個性的である。

『隋書』や『旧唐書』の高句麗伝等には高句麗の高官は冠に「二鳥羽」を挿すとある。使者の冠はこれに当たると理解されている。

さて、壁画の件《くだん》の使者の服装は、中国化した袍に身を包みながらも冠には民俗的な伝統が保たれている。壁画の世界は七〇六年に李賢が乾陵に陪葬された際か、七一一年に章懐太子に追封され、また妃が合葬された際の儀礼の一場面を描いたのであろう。当時、高句麗はすでに滅亡しており、この使者を高句麗の遺臣の一人とみるのは難しく、むしろ中宗代には大祚栄の冊封は完結

図1　唐・章懐太子墓（墓道東壁）の礼賓図

しなかったが、王子の大門芸が入唐《にっとう》しており、開元の初（七一三年）には帰国したから、壁画の時代には在唐中であった大門芸や渤海の使者が壁画の使者のモデルであった可能性はなくはない。

使者の服装からは、冠には高句麗の伝統をのこしながら、全体に唐風化していく渤海の服制の段階が読み取れる。このことは人物の属する社会が権威の二重構造、二元的な権威のもとにあったことを示している。大祚栄が中宗の招慰を受け、遣使しながらも、冊封使が大祚栄のもとに行くことができず、また渤海の遣唐使が始まったばかりの七世紀末から八世紀初の渤海国の権威のあり方を示すと見ても矛盾しない服制であろう。

壁画の人物は渤海人か、新羅人か。渤海より早く六世紀半ばから北斉の冊封を受け、七世紀半ばには唐の服制に倣っていた新羅の使者と見るよりは、冊封を受ける直前の渤海王の使者である可能性が高い。唐の衣冠制にすっぽり包摂されないひと、しかも東北アジアのひとである。渤海の大祚栄が入侍させた王子である可能性は一考に値しよう。この方向から、右端の使者は靺鞨の首領であろうか。

大武芸の治績

即位と冊封

大《だい》祚栄《そえい》の冊封《さくほう》は渤海の遣唐使の扉を開くことになった。七一八年二月に子の大《だい》述芸《じゅつげい》を唐に送り宿衛させた。先に入唐《にっとう》していた大門芸《だいもんげい》の弟であろうが、また、兄と交替する宿衛でもあろう。この大門芸の宿衛の経験はやがて在唐経験のない長兄の大武芸《だいぶげい》との間に確執を生むことになる。

開元六年（七一八）の後半に大祚栄が亡くなると、嫡子の大武芸が桂婁《けいろう》郡王から渤海郡王の位についた。このことは翌七一九年春には唐に報告され、六月には左監門率《さかんもんそつ》上柱国《じょうちゅうこく》の呉思謙《ごしけん》が鴻《こう》臚《ろ》卿を兼ねた立場で、大祚栄の弔いと新王の大武芸を冊封する使命を帯びて渤海に派遣された。

大武芸は父の冊封号を承けて左驍衛《さぎょうえい》大将軍《だいしょうぐん》忽汗州《こつかんしゅう》都督《ととく》渤海郡王に冊封されると、開元八年（七二〇）八月には嫡子の大都利行《だいとりこう》が桂婁郡王に冊封された。大武芸も父の大祚栄が渤海郡王に冊封されると、桂婁郡王に冊封されていたから、渤海郡王たる王と嫡子の桂婁郡王という二人の郡王が並列した王権が二代つづくことになった。この二人の郡王の並列の時代はその後の大欽茂《だいきんも》の治世以降は見られず、後述するように、桂婁郡王に代わって「副王」が現れることになる。

大武芸も王子や王弟の遣唐使を盛んに送ったが、その過程で七二七年には「左金吾衛《さきんごえい》大将軍渤海郡王」と再度の冊封を得ている。左金吾衛大将軍は左驍衛大将軍と同じ正三品の武官である。

桂婁郡王

さて、この桂婁郡王の性格を考えるには名の由来を知っておくことが欠かせない。桂婁郡の名は、中国の郡県制度のなかには見えない。むしろ高句麗の五部、とりわけ王家の属する部の名に桂婁部がある。中国史家の故西嶋定生は渤海建国の経緯について、また靺鞨《まつかつ》族や高句麗遺民とその付属の種族で構成された渤海国初期の複合した政治社会を考慮して、大祚栄と大武芸、大武芸と大都利行の二人からなる渤海郡王と桂婁郡王は、複合した渤海の政治社会に対応する唐の冊封であったと説く。桂婁郡王は渤海の政治社会における高句麗の遺民勢力に対応した冊封であると理解された。

「桂婁」の名は、『百済扶余隆墓誌《くだらふよりゆうぼし》』（六八二年十二月埋葬）の文中に「桂婁ハ初メ遼川ヲ擾《みだ》シ寧《やすらか》ナラズ」という句を見つけることができる。この句は高句麗が遼河地方を脅かして唐と対立した情勢を述べており、高句麗の名を忌避して「桂婁」と呼んでいる。すなわち、七世紀後半の唐の中央では、桂婁をもって高句麗の呼称を避けた例である。

また、唐は滅亡に追い込んだ高句麗の王族の高蔵《こうぞう》らを唐の内地に移住させ、高蔵を「高麗朝鮮郡王」と冊封していたが、この内属者に与えた「高麗」の冊封号と重複させない配慮からも、渤海に集合した高句麗の遺民を統治する渤海王権の一方の冊封号に、高句麗の別称となり得る桂婁の郡王を称したのであろう。高句麗郡王と冊封しないのは、高句麗勢力の復活を望まない施政からであろう。

このように、唐が渤海郡王の嫡子を桂婁郡王と冊封した政治社会の根底には、渤海内部に高句麗の遺民とその勢力の少なくなかったこと、またこのことを唐が認識していたことを暗示する。

大武芸の弟たち

七二五年十一月、唐の玄宗は泰山に封禅の儀式を挙げた。玄宗は儀がおわって帳殿に現れると、百官をはじめ諸国からの使者や唐に宿衛する外国の侍子らの礼をうけた。ここには、日本、新羅、靺鞨人等のほかに亡国の高句麗と百済の王家の遺族もいた。渤海の使者や宿衛する王子の名がその記録には挙がってはいないが、靺鞨のなかには渤海靺鞨を含む靺鞨の諸族からの使者や在唐の人物も含まれていよう。

同年五月には大武芸は弟の大昌勃価《だいしょうぼっか》を唐の朝廷に宿衛させたが、大昌勃価は七二七年四月に帰国を許されたから、封禅の時にはまだ唐にいた。また、先述のように七一三年に大祚栄が冊封を受けるに先だって子をやはり朝廷に入侍させたが、その子とは大武芸とは同母弟の大門芸であろうが、七一八年二月には弟の大述芸も入唐宿衛したから、大武芸には大門芸、大述芸の同母弟がいた。また、大昌勃価のほかに大宝方《だいほうほう》、大琳《だいりん》、大郎雅《だいろうが》らは異母弟であろうが、「王弟」として唐に朝貢している。

入唐宿衛した渤海の王子は、大述芸が懐化《かいか》大将軍（正三品の武散官）・行左衛《こうさえい》大将軍（正三品）を、また大昌勃価は左威衛員外《さいえいいんがい》将軍（従三品）の将軍号と紫袍金帯魚袋《しほうきんたいぎょたい》を賜った。

ただ、兄弟のなかで大武芸は入唐の経験はなかった。在唐経験とその知識の有無が間もなく対唐外交の運営において兄弟間に対立を醸成することになる。

謚号と年号

大武芸は七一八年後半に即位したが、亡き父王の大祚栄に高王の謚《おくりな》をおくり、また仁安の年号を建てた。建元の制は父王の代におこなわれた記録はないから渤海では最初となる。この二つの礼は唐の冊封使が到着する前に終えていたに違いない。自律的に制定したのである。冊封する唐から見れば、『新唐書』伝がこれを「私《わたくし》」に定めたと記録したように、僭越《せんえつ》な礼とされる。

また、一方ではこの礼は高句麗に由来する伝統的な王権の礼制の反映と見ることができる。三九一年に即位した広開土王は「永楽」の年号を建て、王の死後では子の長寿王から「国岡上広《こくこうじょうこう》開土境平安好太王《かいどきょうへいあんこうたいおう》」の謚号《しごう》が送られた。この長寿王も建興の年号を定めていた。長い謚号はその治績を表現するが、末尾の好太王はその後の何人かの王にも用いられた称号であった。

謚号と建元の礼は、高句麗のみならず四・五世紀の東北アジアに興亡した五胡の諸国家にもみ

図2 渤海国王の系譜

＊点線は推定も可能な系譜関係

＊○は推定されるが、名の不明な王系上の人物

＊王名の後の（ ）は謚号、左側の（ ）は即位～薨去の年と在位年間の年号

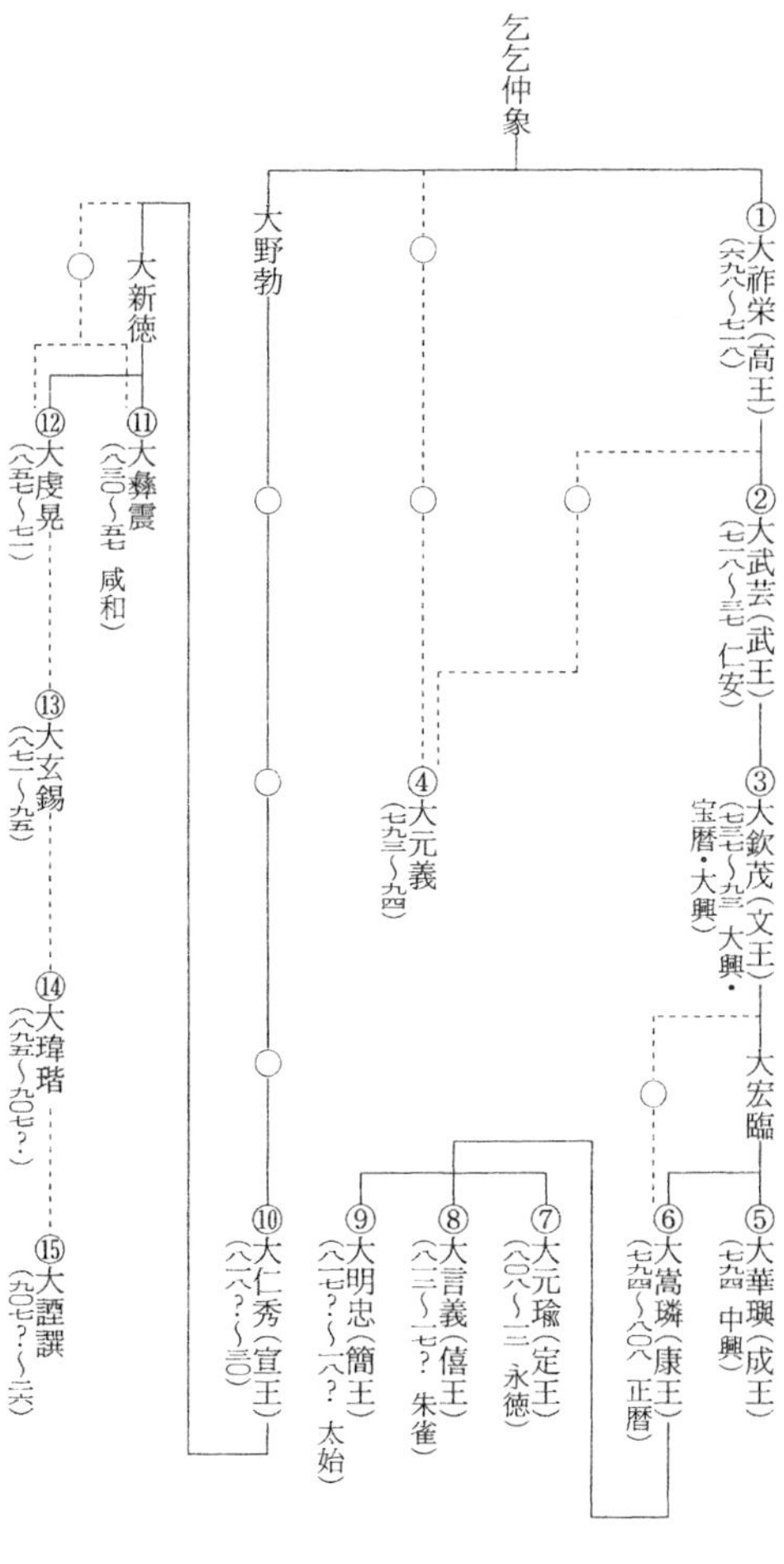

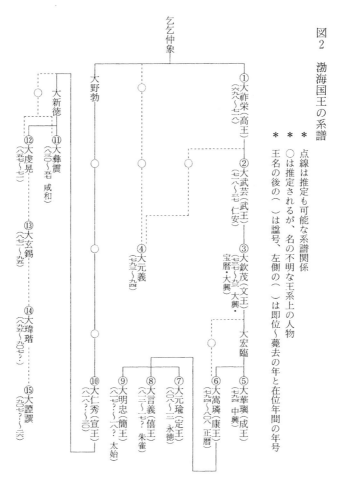

られるが、そこでは皇帝号を使用した例もある。

渤海の独自な年号の制定は、高句麗の伝統を受け継いだ一面があると同時に、記録では九世紀前半の第十一代王の大彝震《だいいしん》まで欠かさずに継続されたように確固とした礼制となっている。このことは新羅が五三六年に独自の年号を制定し、六五〇年に唐の永徽《えいき》の年号を採用して以降は唐の年号を一貫して使用したことに照らしても驚きであるが、また、それだけに渤海の姿勢が中国の古典的な王朝の制度を東北アジアの政治世界に再現することにあったと見られる。

このことは年号とともに諡号にも反映されている。大武芸は父王に高王の諡号をおくったが、その後の諡号は、武王・文王・成王・康王・定王・僖《き》王・簡王・宣王と九世紀前半の王まで記録する。これらの諡号は中国の周代以来の先例に習うものであり、また、年号も大興・宝暦・中興・正暦・永徳・朱雀・太始・建興・咸和と九世紀前半までつづく。第三代の大欽茂《だいきんも》の時代には大興から宝暦に改元され、また大興に復帰した例があるほかは、一世一元の制定である。

このうち、大興・中興・太始・建興・咸和の五つの年号は渤海が制定する以前にも中国の大小の王朝で建てられていた。宝暦は後には唐が建てる年号（敬宗、八二五～八二六年）に先行する。

渤海の年号の制定は諡号と同じく高句麗の伝統を引き継ぐ側面があるが、その制定の政治思想は大武芸代の年号の仁安が『毛詩正義』に「其《そ》れ寛仁安静の政治を行なわば、以《も》って天下を定め、得て太平に至る」という王道思想にもとづくことからも、中国古典の政治思想が根底に流れている。

七三八年六月、大武芸が亡くなって、即位間もない大欽茂が送った遣唐使は『大唐開元礼』『三国志』『晋書』『三十六国春秋』の筆写を望んで認められた。礼と治政の前例を主体的に中国史に求める政治姿勢は、建国期の大武芸の時代に方向が定められたといえる。

渤海の建国期はまさに唐にあっては則天武后が周の政治の復興を標榜して諸改革をおこなった時代に当たる。大欽茂は生前に「大興宝暦孝感金輪聖法大王《だいこうほうれきこうかんこんりんせいほうだいおう》」の尊号を贈られたが、それは則天武后の尊号が金輪聖神皇帝（『資治通鑑《しじつがん》』六九三年九月）であった先例に通ずる。このことからも、渤海の政治思想には揺籃期の大武芸の時代に、則天武后の政治思想が入唐の王弟や王子らを介して浸透していたと見られる。このことは年号と諡号のほかにも後述する渤海の官制にも具現する。

渤海国と唐の紛争

黒水靺鞨

建国後の渤海は地理的に南は新羅《しらぎ》、北は黒水靺鞨《こくすいまつかつ》、西は契丹《きったん》、奚《けい》、突厥《とっくつ》、また海を隔てて唐に接していたから、四周の安寧は欠かすことのできない課題であった。一辺の衝突は他辺に波及しかねない。なかでも渤海の北にあってともに唐に通う黒水靺鞨には、靺鞨諸族を糾合していくにももっとも意を置かねばならなかった。

七二〇年九月に唐は左驍衛郎将摂郎中《さぎょうえいろうしょうせつろうちゅう》の張越《ちょうえつ》を靺鞨に派遣し、唐の「恩義」に背いた奚と契丹とを協力して討つことを計画したことがある（『冊府元亀《さっぷげんき》』巻九八六・外臣部・征討五）。この靺鞨はいずれの靺鞨か不明だが、黒水靺鞨か渤海かであろうが、唐は東北の安寧を図るには靺鞨の勢力を羈縻《きび》することが欠かせなかった。

七二二年五月、唐は入朝してきた黒水靺鞨の大首領の倪属利稽《げいぞくりけい》を刺史となし、その土地を勃利《ぼつり》州となしこれを治めさせ、その上に黒水都護の機構を置いた。黒水靺鞨が唐の羈縻策に取り込まれたのである。

倪属利稽は唐の外臣となると、彼を介して靺鞨の政治社会に打ち込まれた唐の楔《くさび》は、越喜《えつき》靺鞨や鉄利《てつり》靺鞨、払涅《ふつでつ》靺鞨の大首領が盛んに唐へ入朝する動きを喚び起こした。唐はこれらの大首領に将軍号を与え、羈縻の統治の力が靺鞨族社会にしだいに浸透していった。ついに七二六年、唐は黒水靺鞨を黒水州となし、ここに長史を派遣して統制力を強め、靺鞨諸族を「鎮押《ちんおう》」（しずめ治める）させることにした。

大武芸の対応

大武芸《だいぶげい》も唐に盛んに使者を派遣した。『新唐書《しんとうじょ》』伝には七一三年に大祚栄《だいそえい》が渤海郡王と冊封されたことを契機に、渤海は靺鞨の呼び名を捨て渤海を専称したとあるが、大武芸の時代にもやはり史書には渤海靺鞨と記録された例も少なくない。大武芸が諸靺鞨と競うがごとくに唐に遣使したこと、さらには渤海社会の制度・文化も高句麗の遺制と粟末《ぞくまつ》靺鞨の要素がいまだ保たれていたことが、渤海を旧来のように渤海靺鞨といましばらく呼ばせたのであろう。

さて、大武芸は唐に遣使する一方で、『新唐書』伝に大武芸の治世を総評して「大いに土宇（とち）を斥《ひら》く、東北の諸夷畏《おそ》れてこれに臣（属）す」とあるように、靺鞨諸部の首領を懐柔し、その勢力を糾合した。この積極策は王権の強化には必須であったが、また一方では黒水靺鞨に危機感を抱かせた。時に、唐が東北の勢力をして西の奚と契丹を牽制する策と黒水靺鞨の危機感とは結びついた。七二六年、黒水靺鞨は進んで唐の羈縻の下に入ってその地は黒水州となり、長史を迎えることになった。

大武芸はこの七二六年の国際環境の変化に鋭く反応した。「黒水靺鞨は渤海の国内を通ってはじめて遣唐使を送ることができた。また、黒水靺鞨が突厥に吐屯《とどん》（突厥が服属国に置いた軍官）を派遣してくるよう要請した時にも、まず先に渤海にこのことを告げてきた。しかし、今回は渤海に告げずに唐に長史の派遣を求めた。これは黒水靺鞨が唐と結んで渤海を前後から攻撃しようとしているのではないか」と、大武芸は黒水州の設定と長史の派遣を懐疑した。

そこで、大武芸は弟の大門芸と舅（おじ）の大任雅《だいにんが》に命じて黒水靺鞨を撃つことにしたのである。ところが、唐に質として長く宿衛した経験のある大門芸は、この策にたいして慎重であった。門芸は兄の武芸に「黒水は唐から長史を招いており、今この黒水を撃つことは唐に背くことになる」と名分の立たない攻撃策を諫《いさ》めた。

さらに「唐軍の兵数は渤海のそれの万倍にもなり、ひとたび戦えば渤海は滅亡するのみである。かの高句麗の全盛期ですら三〇万余の兵力をもって唐に敵対したが壊滅してしまった。今の渤海の人と兵の数は高句麗より数倍も少ない。唐に背くことはできない」と大武芸の積極策を重ねて諫めた。しかし、弟・門芸の諫言《かんげん》は退けられ、やむなく門芸は兵を率いて北上した。いよいよ黒水靺鞨との境界に至ると、門芸はここで兄・武芸に最後の諫言の書を送った。兄は大いに怒り、従兄の大壱夏《だいいちか》を派遣して大門芸に替えて軍の指揮をとらせ、門芸を召還してこれを殺害しようとしたのである。

兄弟対立の第二幕

身の危険を知った大門芸は間道から唐に亡命した。唐は門芸を容れて左驍衛将軍（従三品）の軍号を与えた。その年月は古畑徹氏の考察では七三〇年の後半ごろとされる。

そこで、大武芸は馬文軌《ばぶんき》を唐に派遣して門芸の罪状を極言し、門芸を殺害するよう要請した。兄の極言した門芸の罪状とは兄弟間の感情を中心とした私的なレベルであったか、宗主国の唐を取り込んだ君臣の名分を柱とした主張であったか、詳細は記録されていない。

ところで、七二六年以降ここに至るまでも、大武芸は唐に盛んに使者を派遣している。黒水州が渤海の北に設置され、唐から長史が派遣される新情勢が大武芸の対唐外交を盛んにさせている。開元十四年（七二六）三月には嫡子であり桂婁《けいろう》郡王に冊されていた大都利行《だいとりこう》が入唐《にっとう》し、翌月に左《さ》武衛《ぶえい》大将軍（正三品）を授かり宿衛に入った。十一月にも王子の大義信《だいぎしん》を入唐させた。翌年四月には宿衛していた大武芸の弟の大昌勃価《だいしょうぼつか》が帰国してきた。また、玄宗は大武芸の外交策を慰労する勅書と綵練《さいれん》（色とりどりの絹織物）百疋《ぴき》を与えた。

七二七年八月には弟の大宝方《だいほうほう》を入唐させた。翌七二八年四月には二年前に入唐宿衛を始めた大都利行が長安で亡くなると、唐ではこれを厚く弔祭《ちょうさい》し、その霊を渤海に送った。七二九年二月には大武芸は弟の大胡雅《だいこが》を送って鷹《たか》や鯔魚《しぎょ》を献上した。三月にも遣唐使は鯔魚を献上し、八月にもまた弟の大琳《だいりん》が入唐宿衛した。七三〇年正月にも王弟の大郎雅《だいろうが》が賀正し、二月には遣唐使の智《ち》蒙《もう》が馬三〇匹を、また五月にも遣唐使の烏那遠利《うなおんり》が海豹《あざらし》皮五張と貂鼠《ちょうそ》（テン）皮三張、瑪瑙盃《めのうはい》一杯、馬三〇匹を献上し、九月にも方物《ほうもつ》を献上した。

こうした大武芸が黒水靺鞨を意識して積極的に展開した対唐外交策に危機と転換がやってきた。前述したように黒水靺鞨に絡んで、弟の大門芸が唐に亡命したことである。ここに渤海の対黒水靺鞨策は唐にかかわって深刻化してきた。

玄宗は懐に入ってきた大門芸を殺害することはもちろんしない。門芸の亡命を受け容れた。大武芸は、馬文軌を入唐させ弟門芸の罪状を皇帝に訴えその殺害を請うたが、玄宗は使者を留め、門芸を安西に行かせた。ついで七三一年九月には、玄宗は大武芸のもとに内使の李尽彦《りじんげん》を送り、遠く皇帝を慕って来た門芸を殺すことはできないこと、また門芸はすでに嶺南に流したと伝えて、大武芸の心を静めようとした。

しかし、この虚偽が漏れたから、大武芸は上書し「大国は信を示すべきであるのに、欺誑《ぎきょう》する理があろうか。門芸は嶺南に流されておらず、これを殺さんことを」と再び要請した。

翌七三二年二月、また十月にも大武芸は王族の大取珍《だいしゅちん》ら一二〇人を唐に送った。渤海がこのような対唐関係の緊張のなかで盛んに遣唐使を派遣した間にも、黒水靺鞨は黒水州都督《ととく》の立場から渤海に対抗するかのように、やはり盛んに遣唐使を送った。七二八年正月、七三〇年五月ばかりでなく、六月には大首領であり勃利州刺史《しし》の倪属利稽が自ら唐に出かけている。この唐に向かう外交は鉄利靺鞨や払涅靺鞨にもみられる。渤海と唐の緊張は二国間のそれにとどまらず靺鞨諸族に波及していた。

この間、鴻臚少卿の李道邃《りどうすい》と源復《げんぷく》は虚偽が大武芸に漏洩した責任をとらされて地方の刺史となり長安を去っている。

ところで、弟門芸を殺さんとした兄武芸の強硬な方針はどこから生まれたのか。黒水靺鞨をはじめとする隣接の靺鞨諸族の懐柔とその上に立つ大武芸の「斥大土宇（大いに土宇《とち》を斥《ひら》く）」の王権にとっては、黒水靺鞨は最大の勢力である。黒水靺鞨に躊躇する大門芸およびその支持勢力には断固とした姿勢を示そうとしたのみならず、王位継承の問題がここに潜在していよう。

七二八年四月に宿衛中の嫡子の大都利行が亡くなったが、世嗣であり唐からは桂婁郡王に冊せられた大都利行の死によって、これにかわる桂婁郡王あるいは世嗣冊立の問題が焦眉の課題となってくる。在唐宿衛の経験をもつ王弟の大門芸がこれにかかわる実現性は高かったと思われる。大武芸の弟門芸への冷酷な対応にはこうした内外の要因が考えられる。

登州の奇襲

七三二年九月、大武芸は将軍の張文休《ちょうぶんきゅう》に命じて登州を奇襲させた。新旧の『唐書』は張文休は海賊を率いて攻撃したとある。登州刺史の韋俊《いしゅん》は戦死し、左領軍衛将軍の蓋福慎《がいふくしん》が反撃に出た。玄宗はかの大門芸に命じて幽州の兵を率いて出撃させた。また内使の高品《こうひん》や何行成《かこうせい》、それに宿衛中の新羅王子の金思蘭《きんしらん》を新羅に送って、新羅の聖徳《せいとく》王に命じ一〇万の新羅兵を北上させ渤海の南辺を撃たせた。新羅はこれより以前の七二一年に今の江原道に当たる何瑟羅道《かしつらどう》の丁夫二〇〇〇人を徴発して北境に長城を築いたが、この北の渤海を警戒した姿勢は唐の派兵要請を受容させたものである。

黒水靺鞨の動向に鋭敏に対応した大武芸の対外強硬姿勢は兄弟紛争にとどまらず、唐を呼び込んでは新羅を含む東アジアの戦争へと拡大する危機を招いた。

これより先の七二七年九月には大武芸の使者が日本に着岸したが、その使節派遣の狙いは、渤海が北の黒水靺鞨と南の新羅に備えて日本との外交関係を構築することにあった。それゆえに、この紛争が長期化すれば日本にも危機は及び得た。

さて、聖徳王は兵の派遣に先だって唐からはそれまでの冊封号に加えてはじめて寧海《ねいかい》軍使の号を冊せられた。聖徳王は金庾信《きんゆしん》の孫の金允中《きんいんちゅう》と金允文《きんいんぶん》ら四将軍を平壌付近まで出陣させたが、大雪に遭遇して新羅軍は成果なく帰還した。

開元二十一年（七三三）には渤海は契丹に与して、馬都山《ばとさん》（現、河北省東部の都山）の唐軍を攻撃した。これは海路の進軍であって、渤海は登州の奇襲のように海賊を使って攻撃したのであろう。古畑氏が明らかにしたように、唐・渤海の紛争がそれのみにとどまらず契丹・突厥と唐の対立に連動して、これに新羅が組み込まれるきわめて広範囲の戦争とその拡大の危機であった。

この年、大武芸が送った暗殺者は東都・洛陽の天津橋に大門芸を襲ったが、門芸は難を逃れ、暗殺者は捕獲され殺されている。

翌七三四年二月には、新羅の宿衛王子の金忠信が上表して渤海を再攻撃する許可を願い出た。七月になって新羅に渤海攻撃を許す勅書がくだったが、実行したとの記録は見ない。しかし、この新羅の対渤海策は、七三五年三月に遣唐使の金義忠《きんぎちゅう》が帰国するに際して、浿江《ばいこう》以南の地を唐から与えられる結果をもたらし、ここをして渤海を南から牽制することになった。

さて、この時期の大武芸の対唐強硬策は、六四七年に新羅に起こった毗曇《ひどん》の乱を想起させる。すなわち、唐の皇帝の権威を背にして善徳《ぜんとく》女王を退位させようとした宰相・毗曇らの一派を王権派の金春秋《きんしゅんじゅう》と金庾信が撃った対唐自立策の対応である。

善徳女王を廃し唐廷の男子を新羅に送りこもうとした唐に内応する宰相・毗曇の一派を金春秋らが敗北させ、自主性を保守した事件である。新羅と渤海はともに唐の外臣の冊封を受けていたが、王権の内部に皇帝権力の過剰な浸透をふさいで、唐に取り込まれないとする自主性を保った国家存亡の分岐点の紛争を収めていた。

黒水靺鞨との対抗関係から渤海の唐をめぐる対外関係が緊張を増した時期に、大武芸は黒水靺鞨を牽制し、あわせて南の新羅をも配慮した外交を開いた。

遣日本使の登場

それが渤海の遣日本使の登場である。

七二七年九月、出羽に渤海国の使者八人が到着した。この使節は、当初は高仁義《こうじんぎ》を大使とした二四人で構成されていた。しかし、蝦夷《えぞ》地に着くや高仁義ら一六人が殺害されて八人となった。そこで高斉徳《こうせいとく》が大使を代行し、翌年正月には大武芸の啓書を聖武天皇にささげた。

その書は「武芸は忝《かたじけ》なくも列国に当たり、諸蕃を濫惣《らんそう》し、高麗の旧居を復し、扶余《ふよ》の遺俗を有《たも》つ」と自己を紹介して、日本に隣好を敦《あつ》くすることを求めた。大武芸の隣好とは武芸が渤海郡王の名で、すなわち唐の冊封号を背景として日本に使節を派遣し、啓書のなかでは聖武《しょうむ》天皇を「大王」と呼びかけた。また、東洋文庫の『続日本紀《しょくにほんぎ》』一（平凡社、一九八六年）の解釈のように「天朝（唐を言う）より命を受けて、日本は基を開き、奕葉《えきよう》は光を重ね、本枝は百世なり」など と渤海と日本とを対置して、日本も唐の「命」（冊封）を得ており、渤海とは同じ位置にある国家とみていたのである。

さて、大武芸は啓書のなかで、渤海は高句麗の地を回復した王権であること、日本と隣好の通交を始めることを伝え、貂皮三百張を献じた。七三〇年に渤海の遣唐使が海豹皮五張、貂鼠皮三張を唐に献じた数量と比較すれば、これは莫大な貂皮の量である。黒水靺鞨との緊張関係から、渤海は日本を同じく唐の冊封を受けたとみて、海を越えて日本に通交し、黒水靺鞨を東海から牽制しようとしたのである。

また、この遣日本使は、南には七二一年に長城を築いて渤海に対備する新羅をも牽制の視野に入れた渤海の外交である。南北から渤海に及ぶ緊張があるいは結合し、また強まることを回避するには欠かせない日本との通交の開始であった。

こう見てくると、渤海の東に控える日本海は渤海、黒水靺鞨、日本、新羅を隔てる海域ではなく、相互の連携と牽制の内海である。かの津軽津司《つのつかさ》が靺鞨国の風俗を見ようと渡海することになったのも日本側が靺鞨と蝦夷との親疎を調査する例として想起される。

一方、日本は渤海の遣日本使、見方をかえれば渤海使を別の観点から受け入れた。すなわち、平城京の北方から来た渤海の遣日本使を高句麗の朝貢使が復活したものとみて、好意的に受け入れたのである。そのためか、高斉徳ら八人は七二八年六月には、引田虫麻呂《ひきたのむしまろ》を送使とする五四人に伴われて渤海に帰国した。

引田虫麻呂らは七三〇年八月に日本に戻ったが、この一年半の間、虫麻呂らは渤海で賓客として待遇されたであろうが、その具体的な展開は記録に残っていない。

ただ、大武芸が引田虫麻呂らに託した聖武天皇宛の信物は、帰国後に山陵や諸国の名だたる神社に奉納された。渤海からの遣日本使の開始を高句麗の朝貢の復活とみなして、その信物が神々に献上されたのである。

このように「左金吾衛大将軍《さきんごえいだいしょうぐん》忽汗州都督《こつかんしゅうととく》渤海郡王大武芸」という唐の冊封の名号のもとで開始された渤海王の日本通交は、日本とも対等であろうとする外交姿勢であった。しかし、日本の「大王」は唐の冊封を受けていないことが渤海郡王とは決定的に異なっていた。このことを渤海が知るにはいま少しの時間を要した。そこに至るまでに渤海は対日外交の摩擦を経験しなければならなかった。渤海は日本外交を重ねるに従って、おのれを高句麗の朝貢外交の復活とみなす日本の姿勢に腐心の外交を繰り返さなくてはならなかった。

紛争後の渤海

七三五年三月、大武芸は大茂慶《だいもけい》らを唐に送ってこの間の紛争を謝罪し、その証《あかし》に突厥が渤海に使者をよこし、奚と契丹の攻撃に協力するよう求めてきた情勢を報告した。玄宗は大武芸の誠心と忠節を認め、唐と渤海の関係は好転した。この背景には奚と契丹が唐に内属して来たから、渤海をも突厥包囲網に組み込む狙いがあった。

さて、黒水州の設置から対唐紛争に至る大武芸の自主の姿勢は、その後の東北アジアの国際関係のなかでは渤海が扇の要の位置にあることを渤海王廷に確信させ、また大氏の王権が強化される方向を導いた。大都利行が唐で死亡して以降は桂婁郡王が冊封されることはなくなり、王位継承は唐の牽制を回避して自律的におこなうことができるようになったことも王権の強化を生んだ。その意味からも対唐自立策の展開のなかで、渤海の王権はより強化された。

かくて、大武芸は七三五年三月に弟の蕃《ばん》を唐に送った。翌年三月にもこの蕃を、また七三七年四月には王臣の公伯計《こうはくけい》を派遣した。二人はおのおの太子舎人《たいししゃじん》（正六品上）と将軍号を受けた。この間、七三五年八月には鉄利、払涅、越喜の靺鞨が遣唐使を送り、七三六年九月には越喜靺鞨が、翌年正月には払涅靺鞨の首領が唐に朝貢した。

紛争の終結後、渤海の対唐通交は、靺鞨諸族の唐への通交を阻む方向ではなく、むしろそれらとともに通交は活発化した。唐渤紛争の後遺症は渤海にあっては、つぎに述べるように、南の新羅に強い警戒を惹起しながらも対外関係は安定に向かった。

新羅の渤海牽制　七三五年三月、新羅は浿水以南の地を得ると、翌七三六年六月には謝恩の遣唐使を送り、また北部の地勢を検察し渤海を牽制する北方策を開始した。

唐渤紛争時の聖徳王が亡くなった後には、第二子の孝成王《こうせいおう》が王位を継承したが、孝成王は「寧海軍使」を含む父の官爵を踏襲し、黄海と渤海湾南域の海上の安寧維持が義務とされ、ひるがえって渤海を牽制する策を展開することになった。

その策は弟の景徳《けいとく》王の代にも連なる。景徳王は七四八年八月に北の辺境を検察させ、また浿江以南の地には大谷城ほかの一四の郡県を設置してその充実を図った。このころ、今の元山付近に炭項関門を構築して渤海に備え、通交を統制した。

七六二年にも北部に六城を築いて太守を派遣して北辺の充実をめざした。その後、宣徳《せんとく》王代の七八一年には浿江の以南の州郡を安撫させ、また翌年には漢山州（今のソウルの南部一帯）の民を大谷城に移住させてその地を賑わした。

このように大谷城は渤海との関係に対応して浿江一帯の拠点となり、そこに浿江鎮典の官制が敷かれたが、その長官の軍主または頭上大監《とうじょうたいかん》以下の官は郡県の官制とは異なっていた。この大谷城を頂点とする新羅西北部の浿江鎮は、渤海に備えた装置であった。それは、聖徳王以後の新羅歴代の王が唐から寧海軍使の軍号を国王号と併せて冊せられたことにも現れるように、この鎮は渤海が海賊を率いて登州を攻撃した事件の再発を未然に防ぐべく、渤海湾と黄海の賊を鎮め、また陸上でも渤海に備えた装置である。

この新羅の渤海に対備した装置は九世紀にも維持され新羅の滅亡までつづくが、新羅王権の衰退によって装置は衰退しつつも、兵力は土着化することになる。

渤海国王への道

大武芸《だいぶげい》が七三七年後半に亡くなると大欽茂《だいきんも》が即位した。父王の代に始まった年号と諡号《しごう》の制を継承し、年号は大興《だいこう》と定め、亡き父王には治績を敬い評して武王の諡号をささげた。

対唐外交

大欽茂の即位のことは、翌年春には唐に報告された。五月には唐から冊封使《さくほうし》の段守簡《だんしゅかん》を迎え、「左驍衛《さぎょうえい》大将軍《だいしょうぐん》忽汗州《こつかんしゅう》都督《ととく》渤海郡王」の冊書を受けた。その冊封号は父王のはじめの冊封号と同じであった。

冊封使の段守簡は内侍《ないじ》の職にあったが、これ以後の渤海王の冊封使には内侍、すなわち宦官《かんがん》が派遣されてくる初例となった。唐の使者ははじめ侍御史《じぎょし》や郎将であったが、唐渤紛争の初期に外交機密が渤海に漏れ混乱を増幅した苦い外交交渉を経験したからであろうか、段守簡の後にも渤海への冊封使には内侍が派遣されて来る。

さて、大欽茂は即位を通知するばかりでなく、前述のように七三八年六月には遣唐使が『大唐開元礼』『三国志』『晋書』『三十六国春秋』の筆写を認められた。新羅ではこれより早く六八六年に唐に『礼記』や文章の手本を求め、則天武后から許されたことがあったが、それから半世紀後であるが、渤海国は開元二十年（七三二）に完成した『大唐開元礼』一五〇巻を得て、国家の体制を礼にもとづいて整備する方向を進めた。

冊封の変化

大欽茂の冊封は、『旧唐書《くとうじょ》』伝では孫の大嵩璘《だいすうりん》の冊封の変遷を述べたなかで、「欽茂、開元中、父の位を襲《おそ》い（あとを継ぐこと）郡王左金吾大将軍となる」とある。前記の「左驍衛大将軍」とは同じく正三品ながらも「左金吾《さきんご》（衛《えい》）大将軍」の将軍号を継承したとある。『唐会要《とうかいよう》』巻九六・渤海にも「欽茂、開元二十六年（七三八）を以て、其の父武芸の忽汗州都督渤海郡王を襲う、左金吾大将軍」とある。

これらの記録は、父の大武芸が左金吾衛大将軍の将軍号を得ていたことを暗示するが、このことは日本の記録から証明される。すなわち、七七二年に光仁《こうにん》天皇が大欽茂に与えた璽書《じしょ》のなかで、七二七年九月に出羽に到着した初の遣日本使を「王の先考（大武芸のこと）左金吾衛大将軍渤海郡王、使を遣《おく》り来り朝す」と回顧しているからである。すると、大武芸は七二七年では「左金吾衛大将軍」であったのであり、大武芸の将軍号は即位後の「左驍衛大将軍」から「左金吾衛大将軍」へと遷《うつ》っていたのである。この再びの冊封がなされた年代については明確な記録はない。しかし、大武芸が七二五年五月に弟の大昌勃価《だいしょうぼつか》を、七二六年三月には王子の大都利行《だいとりこう》を唐に派遣し宿衛させるなど、近親の王族を唐の朝廷に質子《ちし》として宿衛させ、恭順の姿勢を盛んに示したころに冊封が改まった可能性がある。

では、大欽茂が即位のはじめには左驍衛大将軍に封ぜられ、後に左金吾衛大将軍へ冊せられたのはいつのことか。『旧唐書』伝は大欽茂は即位のはじめには「左驍衛大将軍」を継承し、また即位年を含む「開元中」に「左金吾(衛)大将軍」を継承したといい、また『唐会要』の記録は大欽茂の即位と父の冊封号の継承を言うことにおもきがあって、将軍号の確かな変化の年を示さない。ただ、推測すれば七三九年(開元二十七)二月に入唐《にっとう》宿衛した弟の大勖進《だいきょくしん》が「左武衛大将軍(正三品)員外置」を受けたのと同時か、同年十月に優福子《ゆうふくし》を入朝させ謝恩したことがあったが、この謝恩が大欽茂を左金吾衛大将軍へ冊封したことと関係するかもしれない。

先の『旧唐書』伝と『唐会要』が大欽茂の即位後のはじめの冊封号が左金吾衛大将軍であったように読んでは、『旧唐書』伝に即位後の冊封使の段守簡がもたらした冊封が左驍衛大将軍であったとの記録と矛盾する。大欽茂の将軍号は即位後のはじめの冊封では左驍衛大将軍、ついで七三九年頃に左金吾衛大将軍へ改まったものと理解される。

大欽茂はまた天宝(七四二〜七五六)中には特進(正二品の文散官)・太子詹事《せんじ》・太子賓客(とも

に正三品）を加えられ、七六二年には検校ながら三公のひとつである大尉（正一品）を得て渤海国王に進封され、大暦（七六六〜七八〇）中にはやはり三公の一つの司空《しくう》を加えられた。

このように大欽茂は在位中に少なくとも五回の冊封をうけたのであるが、このなかでは七六二年にそれまでの渤海郡王から渤海国王に封ぜられたことは特筆すべきことである。

大欽茂は七九三年三月四日に亡くなるが、その治世はおよそ五六年間であり、渤海全史の約四分の一にも相当して長期である。

遣唐使の頻度

この間に渤海は熱心に使者を唐に派遣した。『旧唐書』伝には「間歳（一年おきに）」、また「歳の内に二、三」度の渤海使がやって来たとある。『新唐書』伝には、玄宗の在位（七一二〜七五六）中では二九回、代宗の「大暦年間（七六六〜七七九）では二五回」の遣唐使があったという。まさに年に一〜三度の遣唐使である。

この間の渤海の遣唐使を『冊府元亀』等の記録から拾うと、四五回を数えることができる。大暦二年（七六七）では七・八・九・十一・十二月と五回の遣唐使があった。

在位の期間が長ければそれだけ遣唐使の派遣の回数も多いわけだが、そのなかには、大勖進（七三九年二月）や大蕃《だいばん》（七四三年七月）らの王弟、また王子の大貞翰《だいていかん》（七九一年八月）等のように王の近親者を派遣したばかりでなく、優福子（七三九年十月）や失阿利《しつあり》（七四一年二月）など「臣」と記録された高位の臣下を派遣している。

また、七六六年閏十一月の質子の某や大英俊《だいえいしゅん》（七七四年二月）など、質子として唐の朝廷に派遣され長く留まる者もおり、後述するように七七三年閏十一月に中華の文物を慕うあまり竜をぬいとった皇帝の御衣である袞竜《こんりょう》を盗んだ質子の某は大英俊かと推量される。

一一度の遣日本使

大欽茂は治世の五六年間に一一回、遣日本使を送り出した。最初の使節は大使が忠武将軍の胥要徳《しょようとく》、副使は雲麾《うんき》将軍の己珍蒙《きちんもう》であった。一行は七三九年七月に出羽に到着した。この一行は、大使の胥要徳ら四〇人が海上で波浪に遭遇して水死したが、また日本の遣唐使の平群広成《へぐりのひろなり》ら四人も同行していた。

広成らは七三四年十月に四船で蘇州から帰国する海上で台風に遭遇、一一五人が崑崙《こんろん》国に漂着し、殺害されまた病死するものがいて、わずかに広成ら四人が長安に戻り、阿倍仲麻呂《あべのなかまろ》の手配で玄宗の配慮を得て渤海経由で帰国することになったのである。

広成は長安を発って七三八年三月には山東半島の登州から海上に出て、五月には渤海に入国した。彼らの渤海行は、時間的な経過と玄宗の配慮をあわせ考えると、大欽茂を冊封する内侍の段守簡に随った渤海行であったと推測される。広成の帰国が大欽茂の遣日本使の便によったということ、また遣日本使が大欽茂の王位継承と冊封のことを日本に通知する使命であったことからもそのように考えられる。

一行は七三九年十月には平城京に入った。大使を代行した副使の己珍蒙がもたらした大欽茂の啓書には、「欽茂は忝《かたじけ》なくも祖業を継ぎ、濫惣《らんそう》すること始めの如し」と述べ、王位の継承を告げて、「毎《つね》に隣好を脩《おさ》め」る姿勢から平群広成等を送ってきたと述べる。このとき、使節は方物《ほうもつ》として大虫皮と羆皮を各七張、豹皮六張、人参三〇斤、蜜三斗を献上した。

大使代行の己珍蒙は大欽茂への回賜物として、「美濃絁三十疋、絹三十疋、糸一五〇絇、調綿三百屯」を受け、大射の儀礼に参加し、死亡した大使の胥要徳にも従二位の位階が与えられたほか、渤海では無位にすぎない首領の己閼《きあ》棄蒙《きもう》らも従五位下を受け、また調布一一五端、庸布六〇段を贈られた。

己珍蒙らは渤海楽を奏じ、二月には平城京を発って、四月には大伴犬養《おおとものいぬかい》らに伴われて渤海へ帰国の海路についた。

さて、この外交について『続日本紀』は、大欽茂を「渤海郡王」、また使者を「渤海郡使」や「渤海郡副使」と記録している。これは、「欽茂啓す」で始まる「啓書」には第一回の遣使では大武芸を「左金吾衛《さきんごえい》大将軍渤海郡王」と冠称していたように、今回の大欽茂も将軍号と「渤海郡王」を冠称していたことの反映であろう。

先の大武芸の啓書は渤海王が日本へ送った初の啓書であったが、そのなかで「大王」と呼びかけた聖武天皇を今回の欽茂の啓書では「天皇」と呼んでいる。「天皇」の呼びかけがこの後の啓書にもしばしば現れるが、それが日本の歴史編纂者の国家意識に動かされた啓書の用語例の書き換えではないかと、やや疑心も起こってくる。

しかし、啓書に現れた渤海の国際関係は、大欽茂が新たに渤海郡王と冊封を受けたことを背景として、また玄宗の配慮で渤海を経由して日本に帰国する平群広成らを送る使命をも帯びていたように、唐の冊封のもとでの日本との隣好の具現として遂行される。

ところで、大欽茂が大武芸につづいて「渤海郡王」を冠称して日本に向かった外交姿勢は、前述のように、唐の皇帝の外臣としてのそれである。この姿勢は渤海を高句麗《こうくり》の再興とみなして、朝貢の継続を期待する日本の朝廷との間でしだいに軋轢《あつれき》を生む。それは早くも七五二年九月に佐渡島に到着した大欽茂の第二回目の遣日本使であった輔国《ほこく》大将軍の慕施蒙《ぼしもう》ら七五人が軋轢の要因を持ち帰ることになる。

渤海国は高句麗の復興

慕施蒙らは翌七五三年五月には入京して信物を献上し、来意を口奏した。前回の使節から十余年が過ぎ、慕施蒙ら七五人を遣わし信物を献上する旨を述べた。しかし、帰国する際に託された孝謙《こうけん》天皇の璽書《じしょ》のなかで外交形式の非が指摘された。すなわち、「渤海国王に啓問す」と書き出した孝謙天皇の璽書に、「来啓を省みるに、臣名を称すること無し」として、啓書に臣であるとの表現がないことを指摘された。そのうえで『高麗旧記』を尋ねみるに、高句麗の上表文《じょうひょうぶん》には高句麗は日本の王家とは族は兄弟の仲であり、義は君臣の関係から忠誠をつくしてきたとあった。前回の使者に勅書を託したのだが、今回もまた臣名を名乗った上表文をもたらさないのは礼に欠ける」ものと責問されたのである。

「高麗旧記」の先例が引き出されたことによって、先に大武芸が「高麗の旧居を復す」と渤海の建国を日本に宣言したことが、日本では渤海国を高句麗の復興と見て、渤海国を君臣の関係で迎接する姿勢を生んだことを慕施蒙らは知らされたのである。

安史の乱の報

七五八年九月、輔国大将軍の楊承慶《ようしょうけい》ら二三人が小野田守《おののたもり》を送って越前の海岸についた。田守は遣日本使を護送して渤海に至ったのではなく、一つの使命を持って七五八年初に渤海に到着していた。その使命とはこのころ日本の首脳部にわき起こった「新羅征討計画」に渤海がどこまでかかわり得るかを議るためであった。田守のほかには副使の高橋老麻呂《おいまろ》のほか六六人がいた。

この田守らを日本に護送した楊承慶らは大欽茂が送った第三回の遣日本使であったが、一行は二三人と小規模ながらも実際的な構成であったであろう。同年十二月になると田守は「唐国の消息」として安禄山《あんろくざん》の乱とこれにつづく史思明《ししめい》の乱（安史の乱）をめぐる唐の朝廷と節度使《せつどし》の動向、さらには渤海の唐への対応などの渤海事情を報告した。

すなわち、七五五年十一月九日に范陽節度使の安禄山が挙兵し大燕聖武皇帝を自称し、また年号を聖武と定め二十余万の精兵を率いて、十二月には洛陽に入ったこと。七五六年には禄山の軍は洛陽を包囲した政府軍を反撃し、六月六日には玄宗は剣南に逃れ、七月には皇太子の璵《よ》（粛《しゅく》宗《そう》）が即位し、至徳と改元されたこと。玄宗は益州に至って、平盧留後事《へいろるごじ》の徐帰道は麾下《きか》の四府経略判官の張元澗《ちょうげんかん》を渤海に派遣し、十月に禄山を撃つ計画に渤海が四万の騎兵を派遣するように依頼したこと。しかし、渤海では二心あることを恐れて使者の張元澗を渤海に留めたこと。十二月には、はたして徐帰道は禄山に通じ、また幽州節度使の史思明には粛宗を撃つ計画のあること。そこで安東都護の王玄志は精兵六千余を率いて徐帰道を斬り、権知平盧節度《けんちへいろせつど》を自称し、七五八年四月には王進義《おうしんぎ》を渤海に派遣して、粛宗が長安にもどり、太上天皇（玄宗）は蜀の地からいよいよ賊徒を撃つ体制をすすめている唐の動向を伝えた。しかし、やはり大欽茂は不信を抱いて王進義を渤海に留め、遣唐使を送って事の真偽を明らかにしようとしたが、その使者はいまだ渤海に帰国していないこと――など反乱と対応の情報である。

小野田守が伝えた唐と渤海との以上の動向は、二度にわたる反乱軍を平定する唐の派兵要請に渤海が慎重であったことである。さらに、田守がもたらした粛宗の大欽茂へ与えた勅書の内容は記録されていないが、日本側では、渤海が南方への派兵を意味する「新羅征討計画」に加担できない国際環境であったことを認めざるをえなかったであろう。

「新羅征討」計画に揺るがず

大欽茂の渤海王権は藤原仲麻呂を中心にすすめられた「新羅征討計画」に、どこまで関与したであろうか。通説では仲麻呂が新羅征討の実行を確信するほどの合意が渤海との間に形成されたと、推測されている。はたして大欽茂は北から新羅を攻めることに合意したであろうか、疑問とせざるをえない。

このころ、渤海が対外関係でもっとも意を払った問題は、先述のように西の安禄山の乱の動静であって、この乱が渤海にどう波及してくるかであった。新羅は成都におちた玄宗のもとに賀正使を送ったが、このように唐の外臣としての節を守る新羅を挟撃できうる国際環境であると大欽茂は判断したであろうか。

かりに日本の要請を受けて新羅へ派兵した場合、北の黒水靺鞨《こくすいまつかつ》はどう出てくるか、渤海の国際環境はたんに日本との関係でのみ左右される性質のものではなかった。日本の「新羅征討計画」は日本の対新羅関係のみで立案された一人よがりで、東アジアの動向と国際関係の全体を理解していない計画であることを小野田守を迎えた渤海王権は察知していたであろう。唐の内乱とこれに参与しない渤海の方針のみならず、渤海が粛宗の勅の写しまで田守に与えた本意はそこにあろう。

日渤・日羅関係の表裏

そもそも日本の「新羅征討計画」の兆候は、七三四年十二月に大宰府《だざいふ》に来着した新羅の遣日本使の金相貞《きんそうてい》が翌年二月に平城京に入り、多治比県守《たじひのあがたもり》と問答するなかで、金相貞が新羅の国号を改めて「王城国」と言ったということに現れる。『続日本紀』の記録ではこれを「新羅国たちまち本の号を改めて王城国という」とあって、県守らがこれは事前の相談もなく国号を変更した無礼であると判断した。日本は新羅の宗主国であるとする意識をもった日本の律令政府の官僚には、新羅が宗主国に朝貢して論事することなしに国号を改めたものと理解されたのである。その結果、金相貞らは帰国させられてしまった。

二人の問答の詳細が記録されていないから確かなことはいえないが、二人の間には誤解があったようである。はたして「王城国」とは新羅の改称された国号であろうか。金相貞は八世紀の聖徳王代以来進展する新羅の国家体制の整備と充実をたとえて「王城国」と誇ったか、あるいは王都の名称が話題となり、〝みやこ（ソウル）〟の新羅語を音写表記すれば「蘇伐」などと書かれるが、この〝ソウル〟を漢訳して「王城」と書き示したのではなかろうか。こうして書かれた「王城国」の表現が、県守らに予告なしの改称は「無礼」との不満を呼び起こしたのであろう。

また七三六年四月、阿倍継麻呂《つぐまろ》が新羅に使いして、七三七年春に帰国するや新羅が「常の礼を失って」外交がすすまなかったことを報告した。これにより官僚のなかには軍を興して新羅を「征伐」せよとの声も出た。また、伊勢神宮、香椎宮などに幣《ぬさ》を奉って新羅の無礼を告げた。

この後、七三八、七四二、七四三年の新羅の遣日本使は外交の目的を果たさず放還させられたが、七四三年の金序貞らの使節が朝貢品を意味する「調」の表現をやめ、ただ土地の産物を意味する「土毛《どもう》」と表現し、またその数量を別幅に列記せずに王の書の末尾に付記した形式も旧例に大きく相違していた。

こうした新羅と日本が外交形式をめぐって対立を深めていくなかで、七五二年には「仮王子」と目される金泰廉《きんたいれん》ら七百余人の大規模な遣日本使が送られた。金泰廉らは大いに歓待を受け、帰国に際しては、今後は国王か、または余人の使者ならば上表文を持参するように日本側から求められた。

さて、「仮」とはいえ王子の派遣は日本側をいささか満足させたのであろう。翌七五三年二月に小野田守は新羅に使いし、朝貢を受ける上国の使者として新羅に対したに違いないが、『三国史記』には「日本国使至る。慢《みだ》りにして礼なし。王は之《これ》に見《まみ》えず」と記録している。

かくて藤原仲麻呂を中心に新羅征討は計画され進行したが、前述のように七五八年に渤海から帰国した小野田守ら一行は、安禄山と史思明の乱を平定せんと唐が渤海に派兵を要請したが、渤海はこれに慎重であったことを見聞していた。

田守が七五八年九月に渤海情報をもって帰国するや、日本では七六二年に新羅を討つべく準備が始まった。このとき、渤海側がこの征討に参加することを密かに約束していたとの通説である。しかし、この間の渤海の遣日本使の動静の記録からみて、渤海には北から新羅を攻めようとする合意を暗示するところはない。石井正敏氏が説くように通説は再検討されるべきである。

大欽茂の対新羅外交はともに唐の冊封をうける好隣の立場にあって、「隣好」策を指向していたであろう。日本の新羅征討計画が立ち消えになった背景には、大欽茂がそれに加担しない姿勢であったことが潜んでいよう。

田守のもたらした生々しい唐の情報と渤海の対応とは、日本をして「新羅征討計画」がたんに日本と新羅の範囲にとどまらず東アジア全体に波及する危険をはらんだことを思い知らせたであろう。

田守らを送ってきた楊承慶《ようしょうけい》らは仲麻呂の邸宅でおおいに宴待され、仲麻呂が征討計画をここで推進したとも推測されているが、むしろ事実は逆で、その不可能なことを仲麻呂らは感知せざるをえなかったのではなかろうか。情勢判断の狭さを確信して「新羅征討計画」の危ういことを覚え、渤海との友好を損なわぬことをすすめられた宴ではなかったかと思われる。

楊承慶と楊泰師

ところで、小野田守らと同船した大使の楊承慶ら一行二三人は、七五八年十二月、越前から入京した。翌年正月には楊承慶らは方物を貢ぎ、ついで口奏して「高麗国王の大欽茂言《もう》す」と切り出し、孝謙天皇の弔意のために表文と貢物をもたらしたことを述べた。

さて、ここでは楊承慶が口奏ながらも大欽茂を「高麗国王」と冠称したことが注目される。渤海郡王とせず高麗国王としたのは、先の慕施蒙が持ち帰った孝謙天皇の璽書《じしょ》に「高麗旧記」を引き出して、君臣の義による渤海の対日本外交を強いていたが、口奏とはいえ楊承慶が日本の姿勢に従ったのである。ただ、渤海使が自国の王を高麗国王と冠称したのは日本に対面した次元でのそれであって、渤海本国において称したことではない。

弔慰使の楊承慶らは慰労され、本国では輔国将軍の楊承慶は正三位、副使の帰徳将軍の楊泰師《ようたいし》は従三位を、判官の馮方礼《ひょうほうれい》は従五位下、録事以下の一九人にもそれぞれに位階が与えられ、また渤海国王と楊大使のほかにも禄を受け、賜宴の席には女楽《じょがく》（女性の演奏する歌と舞い）が演ぜられた。

一行は藤原仲麻呂の私邸でも歓待された。このときには内裏の女楽と綿一万屯が勅によって賜われ、かつ当代の文士が送別の詩を賦し、副使の楊泰師がこれに賦したが、その「紀朝臣公の雪を詠ずる詩に和し奉る」と題した五言詩が『経国集《けいこくしゅう》』巻一三に伝っている。

こうして二月には「天皇、啓して高麗国王に問う」で始まる楊承慶らの弔慰使の派遣を謝し、かつ楊承慶らが小野田守の帰国船に同乗して来たことから、渤海に戻るべき専用船がなく、日本の遣唐使の藤原清河《きよかわ》を迎えに渤海に渡海する高元度《こうげんど》ら九九人の乗る船に同乗して渤海へ帰国させるとする璽書を受けた。このほかにも絹四〇疋、美濃絁《あしぎぬ》三〇疋、糸二〇〇絇、綿三〇〇屯、さらには錦四疋、両面二疋、纈羅《けちら》四疋、白羅一〇疋、綾帛四〇疋、白綿一〇〇帖の賜物を得て、一行は高元度らの船に乗り帰国した。

中台省の牒

渤海の中央官制には宣詔《せんしょう》省、政堂《せいどう》省についで中台省で三省をなすが、ここから発せられる牒《ちょう》の文書は、大欽茂の派遣した第四回の遣日本使である高南申《こうなんしん》によって、七五九年十月に日本に送られた。渤海の対日本外交が王の啓書で進行した次元から、中台省によって実務的に進行するレベルに至ったのである。それも渤海がリードしたことに意味がある。

高南申らは、日本の遣唐使の藤原清河を唐から迎えるべく渤海に渡った高元度ら一行九九人のうち、唐に向かわなかった内蔵全成《くらのまたなり》ら八八人を日本へ送ってきたのである。船は海上で台風に遭遇し対馬に漂着した。やがて高南申らは大宰府を経て十二月には入京した。

記録上では日本に送った初の中台省の牒文は、「藤原清河を迎える使節九九人は、安禄山の乱と史思明の乱の混乱のために、彼らを唐に送っては害を受けることが心配され、また日本にそのまま帰国させれば友好の〝隣意〟に背くことになるから、高元度ら一一人を唐に送って藤原清河を迎えさせ、内蔵全成らは日本に送り返す」とする旨を伝えていた。この牒の真実であったことは、高元度らが七六一年八月に唐から戻って、渤海の遣唐賀正使の楊方慶《ようほうけい》に従って入唐できたことを報告したことによって確認されている。

さて、翌七六〇年正月、高南申らは淳仁《じゅんにん》天皇に拝賀し、方物を献上し「国王大欽茂の言す」と口奏して、藤原清河の上表文と貢物を献上するために高南申らを遣わした旨を伝えた。

そこで淳仁天皇は大欽茂の誠意に感謝して輔国大将軍・玄菟州刺史《げんとしゅうしし》・押衙官《おうがかん》・開国公の高南申には正三位、副使の高興福《こうこうふく》には正四位下を、判官の李能本《りのうほん》、解臂鷹《かいひよう》と安貴宝《あんきほう》の三人には従五位下の位階を、また録事以下にもそれぞれ位階を授けたほかに、大欽茂にあてた絁三〇疋、美濃絁三〇疋、糸二〇〇絢、調綿三〇〇屯と、高南申らへの賜物とともに、一行は二月には陽侯玲璆《やこりょうぐ》に送られて渤海に帰国した。

「文」の時代

渤海国王の文治

渤海国王

大欽茂《だいきんも》は宝応元年（七六二）にそれまでの渤海郡王から渤海国王へと進封された。このとき、大将軍の号も廃され検校太尉《けんこうたいい》と改まった。郡王号から国王号への進封も意義は大きいが、金吾衛《きんごえい》大将軍（正三品）から検校とはいえ三公の一つの太尉（正一品）へ冊《さく》されたことの意義もまた大きく、この渤海王の冊封《さくほう》が武官から文官へ変化したことは渤海の内政と外交、文化に反映してくる。

この冊封の変化の兆しは、これより先の天宝年間（七四二〜七五六）に冊封が順々にすすんだことに現われている。七二八年に、在唐中に亡くなった大武芸《だいぶげい》の子の大都利行《だいとりこう》には特進（正二品）の文散官が贈られたが、大欽茂は天宝（七四二〜七五六）中に太子詹事《せんじ》（太子詹事府の正三品）や太子賓客（正三品）を受けていた。また渤海国王と冊封された後にも大暦（七六六〜七八〇）中には司空《しくう》と太尉（ともに三公で、正一品）を冊せられた。

今や渤海の王は国王であり、爵位はそれまでの郡王の従一品から正一品に相当する。これまで遣日本使が日本から渤海郡王と呼びかけられた璽書《じしよ》を受けたり、また楊承慶《ようしようけい》が外交交渉の緊張関係のなかで渤海を高句麗の復興とみなす日本側に仮に迎合して「高麗国王大欽茂言す」と口奏したことがあった。しかし、この七六二年以降の渤海の外交は正一品に相当する国王として遂行することになり、日本とは大いに摩擦を生むことになる。

その一方、国内的には政治と文化の面において、これまでとは異なる次元への変化が訪れることになった。それらは大欽茂の治世が追い求めた結果であり、渤海国史の時代区分のひとつを七六二年に引く意味も、これから述べるいくつかの変化がここに見られるからである。

勅使の韓朝彩

さて、七六二年に大欽茂が渤海国王へ冊封されると、冊封使には内常侍《ないじようじ》の韓《かん》朝彩《ちようさい》が任ぜられた。韓朝彩は日本の留唐学問僧の戒融《かいゆう》を伴って渤海に入った。前述したように、平群広成《へぐりのひろなり》らが玄宗の配慮を得て渤海経由で日本に帰国したことがあったが、この戒融が韓朝彩の冊封の使行に同道して渤海に入ったのも粛宗《しゆくそう》の配慮があったのであろう。

戒融の人物像は井上靖の小説『天平の甍《いらか》』では傲慢さをもつ大柄な体と、また大唐に取り憑かれて帰国の心を失う僧として描かれているのだが、翌七六三年十月に渤海から越前の加賀郡に帰り着いた経緯は、大欽茂の五回目の遣日本使・王新福《おうしんふく》ら二三人の使行から始まる。

一行二三人は、七六一年末か七六二年初めに日本の遣渤海使の高麗大山《こまのおおやま》らを日本に送るべく、渡海を命ぜられた。

七六二年十月に王新福らは越前に到着し、翌年正月に方物《ほうもつ》を献上して宴待されると、玄宗、粛宗の崩去のあとには代宗が摂政していること、農事の不作と史朝義《しちょうぎ》の乱の勢いが盛んであるという唐の事情とそのために遣唐使の道が閉ざされたことを報じた。

こうして、儀礼が終わった王新福らは藤原仲麻呂の私邸で宴待を受け帰国することになった。王新福らはその当初、平群虫麻呂《へぐりのむしまろ》らに送られて帰国することになっていたが、虫麻呂は「能登」と名付けられた船の破損のひどさを恐れて、送使の任から降りたから、板振鎌束《いたぶりのかまたば》が船師となって渤海に送られることになった。この「能登」が渤海に到着し日本へ回航する便には、渤海で音《おん》声《じょう》を学んだ高内弓《こうのうちゆみ》と渤海人の妻と子や乳母、優婆塞《うばそく》の四人とともに戒融らが乗船したのである。

さて、戒融の日本到着の知らせは韓朝彩のもとには日本から届けられなかったから、韓朝彩は上京・竜泉府を発って、渤海から唐へ至る朝貢道を進み、西京・鴨緑《おうりょく》府を経て鴨緑江の河口にでると進路を南にとり、新羅《しらぎ》の西辺の唐恩津《とうおんしん》に上陸、陸行して新羅の都・金城に入った。七六四年春のことである。

韓朝彩は新羅政府に命じて遣日本使を発遣させ戒融の消息の報を得ることにした。勅使の命に新羅では金才伯《きんさいはく》ら九一人を日本に派遣した。戒融は前年十月に日本に帰国したとの情報を大宰府から得ると、新羅では謝恩使の金容《きんよう》を唐恩津に報を待つ韓朝彩のもとに送った。

この韓朝彩の東アジア三ヵ国をまたぐ外交は注目に値する。戒融はタイミングよく「能登」が渤海に入港していたのでこれに乗って帰国できたが、渤海を経由する早さは勅使の韓朝彩の使行に随行していたから、渤海政府の配慮と便宜があったからであろう。

渤海国の対唐外交

「渤海国王」たる大欽茂が遣唐使を送ることはいよいよ盛んであった。『新唐書』伝には「大暦中（七六六～七八〇）二十五たび来る」と遣唐使を集計する。この間、七六二年には大欽茂は大尉ながら検校が冠せられたが、その後の大暦中では前述のように三公の司空と大尉を拝している。

『旧唐書《くとうじょ》』や『冊府元亀《さつぷげんき》』からは大暦年間の遣唐使の記録を多く拾いあげることができるが、その間に「間歳」や「歳の内二、三至る」と盛んに遣唐使を派遣したことがわかる。そのなかでは、七九一年の賀正使の大常靖《だいじょうせい》は衛尉卿同正《えいいきょうどうせい》（従三品）を授けられたこともあり、また同年八月には王子の大貞翰《だいていかん》を入唐させ宿衛させたこともあるが、次の二件のごとき特筆に値する遣唐使の事例もあった。

質子、衮竜を盗む

大欽茂が派遣していた質子《ちし》が大暦八年（七七三）に竜をぬいとった皇帝の服である衮竜《こんりよう》を盗んだ事件である。質子は捕らわれると「中華の文物を慕うあまりの盗み」であったと訴えたから、代宗は質子の慕華の厚い心情をあわれみこれを許した。

この事件は皇帝のシンボルとなる服の袞竜を盗んだ希有の事件とのみ解釈してはならない。質子であるからには唐の朝廷に送られた王子クラスの人物であろう。王子が皇帝の袞竜を盗むにはこれに憧れ、袞竜が渤海において価値あるものと見る憧憬が王子に強まっていたのである。この背景には、渤海において、王宮の偉容、官制の整備等に見られるように王権の可視的なシンボル化が進行していたことがある。国王の服制にもそのことが波及したことをこの事件を通して見て取るべきであろう。

かの章懐《しょうかい》太子墓の壁画に描かれた渤海建国初期の遣唐使の王子は、高句麗の遺制と唐制の服制が合わさった服装であった。この服装には高句麗的な要素を冠に残しながらも、唐風に変容しつつあった渤海の服制の変化が現れていた。この変化は服制のみならず、文化や政治、社会にも現れていたとみるべきであって、ここに袞竜を盗む事件の背景がある。こうした諸々の変化の傾向を強めたものが、七六二年の「渤海国王」の誕生とその前段としての将軍号の離脱と高位の文散官を受けたことである。

ところで、この質子とは、事件の翌年に延英殿《えんえいでん》において代宗に帰国の挨拶を行なった「質子の大英俊《だいえいしゅん》」であったかもしれない。

日本の舞女一一人

大暦十二年（七七七）正月、渤海は唐に日本国の舞女一一人と方物を献上した。舞女の献上については珍しさという面から理解されてはならない。前述の盗み事件のように、東アジアの国際関係における渤海の自己意識が背景にあり、そのことがまた渤海の王権の性格を考える材料となる。なぜなら舞女の献上ということのなかに日本と渤海と唐の三ヵ国が関係しているからである。

さて、「日本国の舞女一一人」とは、はたして日本海を渡って渤海に来たった日本の舞女であろうか。とりわけ舞女であるという点に注目したい。

そもそも「舞女一一人」を送られた唐の朝廷では「舞女」とはどのような存在であったのだろうか。民間の舞女とは異なり、この一一人は朝廷でこそ「舞女」たる舞台が設定される舞女である。

『新唐書』礼楽志一二には「唐に至り、東夷に高麗、百済あり、北狄に鮮卑《せんぴ》、吐谷渾《とよくこん》、部落稽《ぶらくけつ》あり、南蛮に扶南、天竺、南詔、驃国《ひょうこく》あり、西戎に高昌、亀茲《きじ》、疎勒《そろく》、康国、安国あり。およそ十四国の楽、八国の伎は十部の楽に列《なら》ぶ」とあって、朝廷が四夷《しい》の民族音楽と舞を用意していた。音楽と舞踊の設定は、聴覚と視角を通して皇帝の徳化が四夷に波及したことを確認させる装置であり、またそのことによって皇帝の徳をさらに高く感知させる。

この仕掛けは古代の日本にも設定されていた。律令制下の三韓の楽とこれに付随した舞人の制度である。律令が整備される以前、舞人は百済から献上されてもいた。政治外交のレベルではこのことは服属のひとつの象徴であった。宮廷儀礼で繰り広げられる外国の舞楽は、今日では「国際色豊か」と評されるが、古代の政治社会ではこれとは異なる面がある。

さて、七七七年正月以前にも渤海と日本との間の使節の往来は、後述するように密であったといえるが、日本から「舞女」が渤海国へ渡った、あるいは贈られたという記録はない。国家間の派遣であれば記録されてよいが、見えない。ただ、これより先の七五九年正月に遣日本使の楊承慶らが朝堂において女楽《じょがく》を鑑賞したことがあり、また内裏の女楽と綿とを藤原仲麻呂《なかまろ》の私邸に送って遣日本使を宴待したこともあった。

しかし、この女楽は宴待の一幕としての楽であって、ましてこの時の舞女が渤海に渡ったとの記録はなく、かりに遣日本使に従って渤海に渡ったとしても、唐に献上されるまでに一八年近くの歳月を経ている。あまりに時間が経過している。

また、七七二年二月にも遣日本使の壱万福《いちまんぷく》らが「三種の楽」を鑑賞したが、このときにも舞女を賜ったとの記録はなく、やはり日本の舞女が渤海に渡ったことは明らかにできない。あるいは唐や渤海の舞を習うために送られたことがあったのであろうか。

一方、渤海が「日本国舞女一一人」を仕立てあげ、唐の朝廷に献上したのではないかとも思われてくる。

舞女の生国はさておき、唐ではこの一一人を日本国の舞女として受け入れた。日本では六六二年に遣唐使が蝦夷《えみし》を伴って入唐《にっとう》したことがあった。蝦夷を随伴することによって、蝦夷を従える「小帝国」日本を可視的に唐に示したのであろう。この文脈から考えると、渤海による「日本国舞女一一人」の献上は、渤海の「小帝国」への指向やその自意識の高まりを暗示する。外国の舞女を唐に献上することは諸国の国際関係のなかで、自らの位置を高める道具のひとつとなったであろう。

なお、後の八三八年には淄青節度使《しせいせつどし》を介して新羅の神武王《じんむおう》から送られた奴婢《ぬひ》を、唐の文宗はその遠くから来たことを憐れんで新羅に帰国させたが、この舞女一一人のその後の行方は不明である。

渤海国の完成

大欽茂《だいきんも》は在位中に三度の遷都をおこなった。『新唐書《しんとうじょ》』伝には「天宝（七四二〜七五六）末、欽茂、上京に徙《うつ》る。旧国に直《あた》ること三百里、忽汗《こつかん》河の東にあり」と言う。また「貞元（七八五〜八〇五）の時、東南のかた東京《とうけい》に徙る」とも記録する。

三度の遷都

さらに『新唐書』地理志には「顕州は天宝中に王の都とする所、又正北して東に如《ゆ》くこと六百里、渤海王城に至る」とある。

この遷都の記録から、大欽茂は天宝中に吉林省敦化県六頂山付近に比定される建国初期の「旧国」から中京顕徳府（顕州）に遷都した。ここは現在の吉林省和竜県の西古城跡に比定されるが、外城と内城の二重の城壁や内城に建物跡が確認されるが、本格的な発掘調査はおこなわれていない。

やがて天宝の末に顕州から黒竜江省寧安県の上京竜泉府に遷《うつ》った。ここは旧国から三〇〇里（約一七〇㌔）離れており、さらに、貞元年間には東京竜原府に遷った。

ところで、『三国史記』（高麗の宰相の金富軾《きんふしょく》が一一四五年に編纂を終えた朝鮮の現存最古の正史）には、七九〇年三月に新羅は官位七位を持つ伯魚《はくぎょ》を「北国」に派遣したとある。この「北国」は高麗時代の宗主国である金を北朝とする立場から渤海を下げて「北国」と表記したのだが、渤海が東の海に近い東京へ遷都したことに新羅が反応した伯魚の外交であったと見られるから、東京への遷都は貞元の時でも七九〇年に近いころにおこなわれたと見られる。

上京竜泉府の建設

大欽茂は天宝の末に顕州から上京竜泉府に遷都をおこなった。顕州時代は長くはなかったから、上京の完成を待つかのような十数年間の短い顕州の王都（中京・顕徳府）であった。

中京が王都であった天宝中に、大欽茂は特進（正二品の文散官）、太子詹事《せんじ》府の詹事（正三品）、太子賓客（正三品）など文散官や文官の冊封を受けた。このことによって大欽茂はそれまでの左《さ》金吾衛《きんごえい》大将軍（正三品）の武官から文官の待遇と性格を帯びるようになってくる。この武官から文官への冊封の変化があらたな王都の建設を呼んだ要因のひとつとなったと思われる。

七六二年に大欽茂が渤海郡王から渤海国王にすすんで冊封されたことは、上京を王国の都としてふさわしい規模と構成の都市として建設を進めたであろう。中国の半ば内地としての郡県制度に取り込まれた辺境の郡王から、独立性を一歩高くした国王の都として、上京の建設がすすめられたのである。

上京は忽汗河の東に位置して、規模は外城が東西に約四・六㌖、南北は約三・四㌖の大きさでやや東西に長い特徴をもつ。城内は南北に大路が三本、東西には五本走り、南北に走る中央の大路は外城の北辺の中央に構えられた内城に至っている。

ここは一九三三〜三四年に東亜考古学会がよく調査した遺跡であるが、整然とした条坊が敷かれ、現在は九ヵ寺が確認されている。寺跡からは磚仏や塑像仏、金銅仏が出土した。

さて、大欽茂は七九〇年ごろに上京を離れ東に出て東京竜原府に遷都をおこなうが、後述のようにそれは約四五年間、「王国」の都城として整備と充実がすすんだ上京において、身近な家族の少なくとも五人を短期に喪う不幸に襲われたことが一因と考えられる。

五京と交通

王国の風貌は、上京のみならず五京と一五の府を全国に配置し、これらを結ぶ交通路にも現れていた。『新唐書』伝には、「地に五京、十五府、六十二州あり」とあって、上京・中京・東京・南京・西京の五京とそれぞれを府治とする、竜泉府、顕徳府、竜原府、南海府、鴨緑府の五府と長嶺府や扶余《ふよ》府など一〇府とこれに領属する二〜九の州の計五七州を掲げている。これに府に領属しない独奏州の三を合わせて六〇州である。二州欠けているのは、おそらく『遼史』地理志の沿革記事に見られる東京遼陽府の治下にあった渤海時代の蓋州と崇州

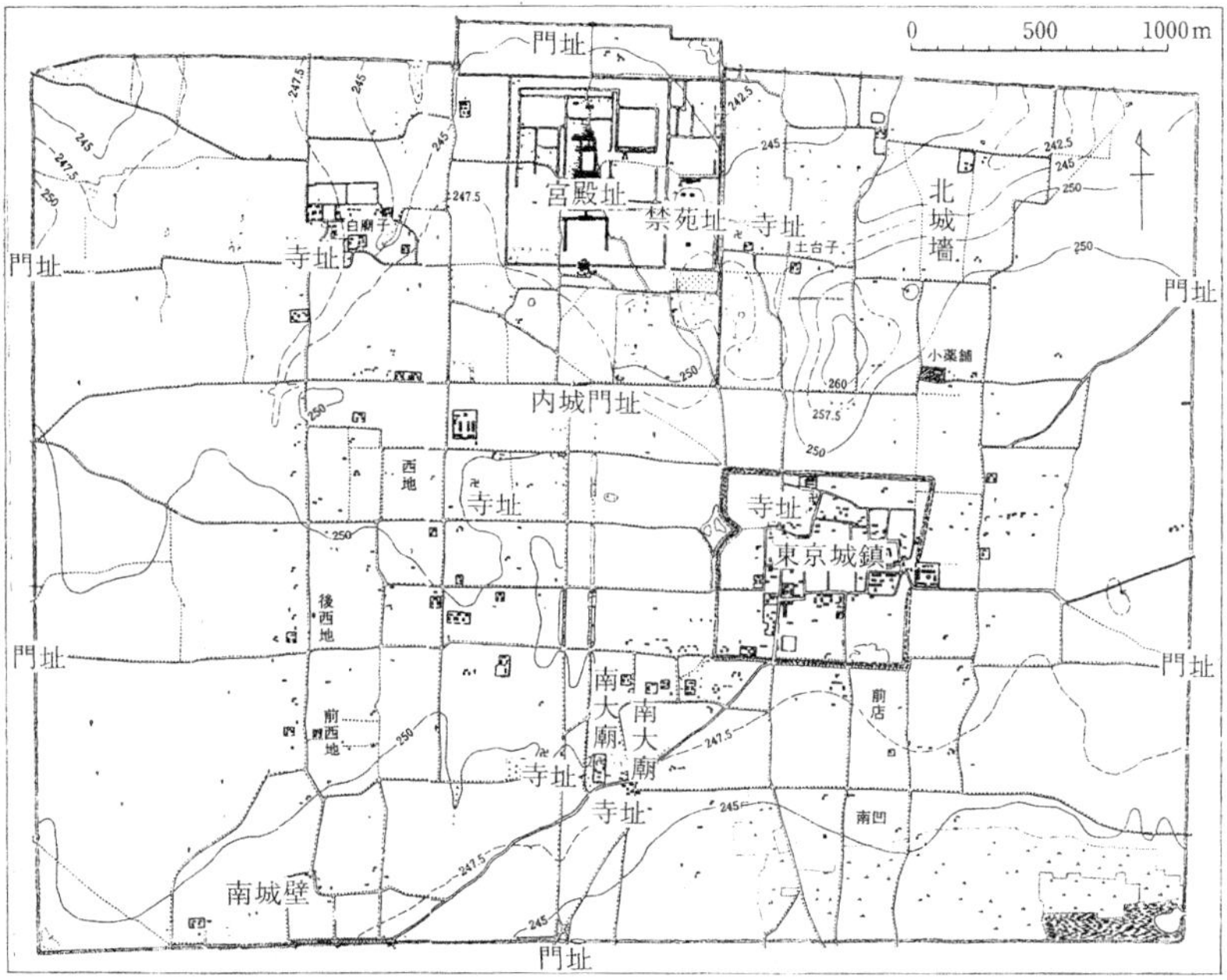

図3　上京の遺跡実測図（三上次男『高句麗と渤海』〈吉川弘文館，1990年〉より）

であろう。

五京は上京が「粛慎《しゅくしん》の故地」、濊貊《わいばく》の地に東京、沃沮《よくそ》の地に南京、高句麗の地には中京と西京および長嶺府を置いたように、高句麗の支配体制を通じて中央集権的支配の浸透が早かった高句麗の故地に五京が置かれた。その周辺にあるやはり高句麗の故地の周縁部に位置した扶余の故地には扶余府と鄚頡《ばくけつ》の二府を、邑婁《ゆうろう》の故地に定理府と安辺府を、率賓《そつぴん》の故地に率賓府の五府を配置した。そのまた周縁には、大武芸が「大いに土宇《とち》を斥《ひら》」いた武略によって属した払涅《ふつでつ》靺鞨《まつかつ》の故地に東平府、鉄利《てつり》靺鞨の故地に鉄利府を、越喜《えつき》靺鞨の故地に懐遠府と安遠府を設定した。

五京にもそれぞれに府がおかれたから、都合一五の府は上京を中心として三重に張り巡らされたが、これに州と郡県が領属した中央集権体制は、ことにその周縁部では首領による在地の氏族的な支配体制と共存していた。

この共存を支えたものが、五京と府を結び、また唐・新羅・契丹《きつたん》・日本の外国とを結ぶ交通路であった。すなわち、上京から東京竜原府に至るルートは日本道であり、その名のとおりに渡海して日本に至る。このルートは南京南海府にも至って、府下の吐号浦《とごうほ》から出港することになる。また、この南京南海府は新羅道の始点であり、ここを通って新羅の東北辺の泉井《せんせい》郡まで三九駅が設置されていた。さらに、上京から西京鴨緑府に至るルートは朝貢道であり、このルートはさらに進んで九世紀初に唐の宰相・賈耽《かたん》が著した地理書の『皇華四達記《こうかしたつき》』に示された、山東半島から

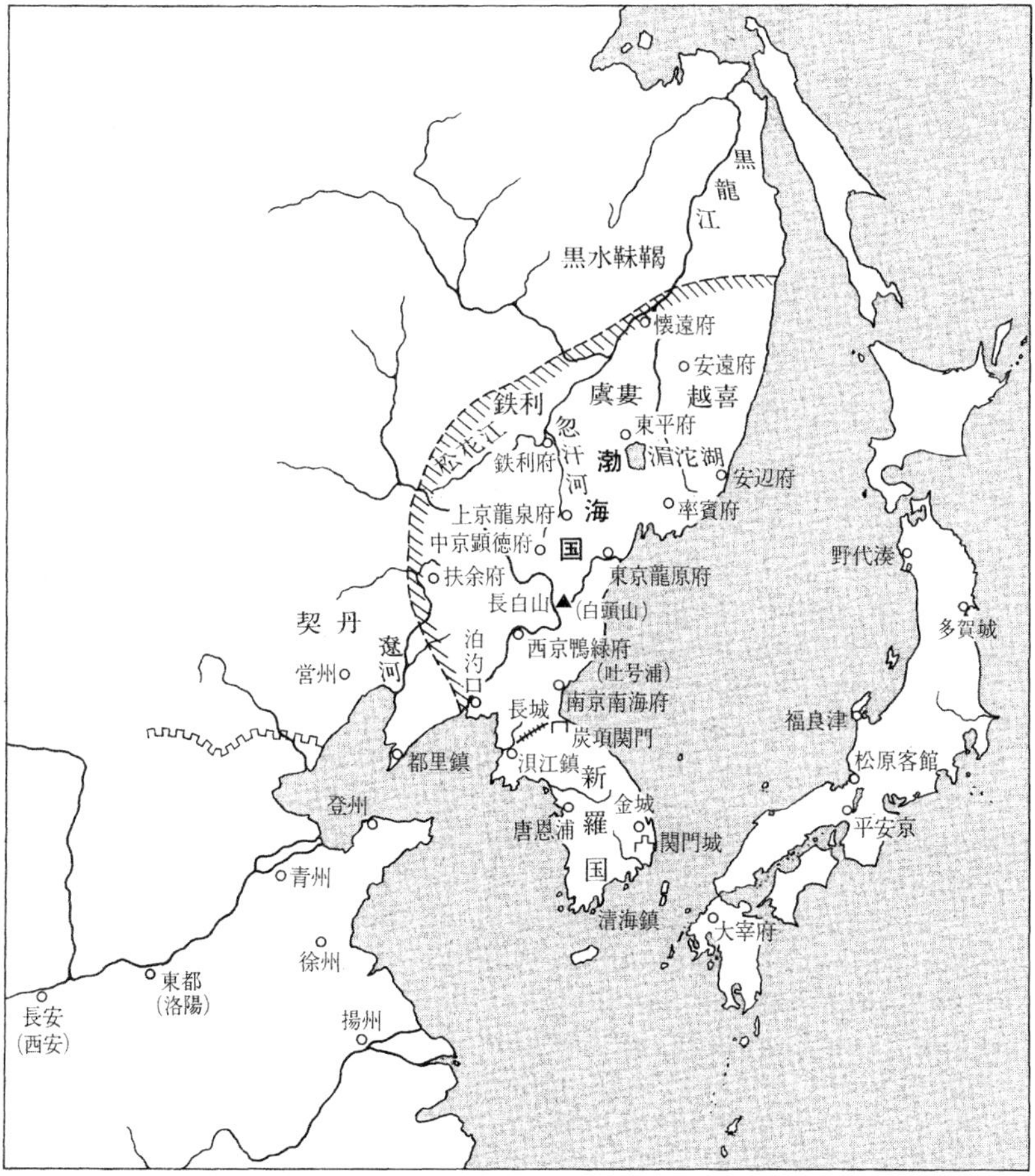

図4　8世紀半～9世紀半の渤海国と新羅国

出港して列島を伝い遼東半島先端の都里鎮《とりちん》を経て、鴨緑江の河口に至る海路に連結する。また、長嶺府は唐の東北辺の安東都護府の置かれた営州に至るルートの拠点であり、それはまた陸路に唐から渤海王城の上京に入るもう一本のルートであり、扶余府は契丹に至るルートの拠点であった。これら上京から出発する五道は京と府とを結んで、また外国に至るが、このルートを介して行われる交易が渤海の京、府、州の三重の体制を支えていた。

交易と交通が地方支配体制の支柱であることは、涑沫《さくまつ》江（粟末水《ぞくまつすい》）に面した涑《さく》州が府に領属しない独立した独奏州として国家がこの河川交通の要所を押さえていたことにも窺える。

改元と尊号

大欽茂は即位すると、父王の大武芸の治世年間の年号であった仁安《じんあん》を改め大興《だいこう》の年号をたてたが、七七四年にはこれを宝暦と改めた。この在位中の改元は、王の第二女の貞恵《ていけい》公主の墓誌に「宝暦四年夏四月十四日乙未に外第に終わる。春秋は四十、諡《おくりな》して貞恵公主という。宝暦七年冬十一月二十四日甲申に珍陵の西原に陪葬す」とあって、その干支から判断すると宝暦元年が七七四年に相当する。この改元は先行する唐の代宗の年号の「宝応」（七六二～七六三）とまた同時代の「大暦」（七六六～七八〇）の年号を借用して「宝暦」と改元したものと推測される。

ところが、第四女の貞孝《ていこう》公主の墓誌には、「大興五十六年夏六月九日壬辰に外第に終わる。春秋は三十六、諡して貞孝公主という、其年冬十一月二十八日己卯に染谷の西原に陪葬す」とあっ

図5　貞恵公主墓（上）と貞孝公主墓誌（下）

て、七九二年に相当する「大興五十六年」が表記されている。宝暦に替わって大興の年号が復活していたことが知られる。宝暦は七年（七八〇）までは確かに使用されていたが、いつ大興が復活したかは不明である。

ただ、将来あたらしく宝暦や大興の年号を記した史料が出土すればこの疑問は解決されることもあろうが、あるいは大欽茂を襲った四回の不幸が大興の復活を呼んだとすれば、それは七九〇年ごろの東京遷都と軌を一にしておこなわれたであろう。

ところで、二人の公主の墓誌銘には大欽茂を尊称して「大興宝暦孝感《こうかん》金輪《こんりん》聖法《せいほう》大王《だいおう》」とある。尊号の例は前後の渤海国王に見つけだすことはできないが、唐では、かの則天武后《そくてんぶこう》が六九三年に受けた金輪聖神皇帝をはじめ、玄宗が開元元年（七一三）十一月に群臣から「開元神武皇帝」の尊号を贈られていた。また、粛宗は乾元二年（七五九）正月に群臣から「乾元大聖光天文武孝感皇帝」の尊号を贈られ、代宗も宝応二年（七六三）七月に群臣から「宝応元聖文武孝皇帝」の尊号を贈られていた。

このように年号を尊号に組み入れた唐の例を参照すると、大欽茂が「大興宝暦」を冠した尊号を贈られたのは、宝暦と改元した七七四年以後のことになる。

かの質子《ちし》が皇帝の袞竜《こんりょう》を盗んだ事件が七七三年のことであった。その翌年には質子の大英俊《だいえいしゅん》が宿衛を終えて唐から帰国したが、この事件の背景にも通ずるように、渤海王廷では唐の礼を参照しこれを受容する方向がはっきりしてくる。その一例に尊号をあげることができる。ただ、渤海がこの尊号に皇帝号を組まず「大王」のままであったのはもちろんである。

武官から文官へ

大欽茂の治世の前半まではいわば「武」の時代であった。大祚栄《だいそえい》と大武芸《だいぶげい》、大欽茂の初期の三代が員外《いんがい》とはいえ正三品の武官職の左驍衛《さぎょうえい》大将軍や左金《さきん》吾衛《ごえい》大将軍の渤海郡王と封ぜられた。その広い背景には東北アジアでは突厥《とっくつ》、契丹《きったん》などと唐との緊張関係が継続しており、また渤海と靺鞨諸族との関係も安定していなかったことがある。

渤海の王ばかりでなく大祚栄の子の大述芸《だいじゅつげい》は七一八年に懐化《かいか》大将軍（正三品の武散官）と左衛員外大将軍（正三品）を、また、大臣の味勃計《みぼつけい》は七二二年に大将軍、賀祚慶《がそけい》は七二四年に游撃《ゆうげき》将軍（従五品下）、大武芸の弟の大昌勃価《だいしょうぼっか》は七二五年に左威衛《さいえい》員外将軍（従三品）を、また七二七年には襄平県開国男《じょうへいけんかいこくだん》（従三品）を、大都利行《だいとりこう》には七二六年に左武衛《さぶえい》大将軍員外置（正三品）などの事例がつづく。

大欽茂の治世でも七三九年に王弟の大勖進《だいきょくしん》は左武衛員外大将軍（正三品）、七四三年の王弟の大蕃《だいばん》が左領軍衛員外大将軍（正三品）を受けた事例がある。

このように渤海の王子や王弟や大臣、首領らが唐に使いし、また宿衛して授与されたのは武官号であったが、それも七四三年の大蕃の例のあとには武官は見えず、七八二年と七九一年の遺唐使の大常靖《だいじょうせい》は衛尉寺《えいいじ》の卿（従三品）が与えられた。この変化は大欽茂が天宝中（七四二〜七五六）

に大将軍号から文散官の文官を冊封されたことに対応しよう。

ところが、七九三年三月四日に大欽茂が亡くなると、七九四年には王子の大清允《だいせいいん》は右衛将軍（従三品）を、七九八年十一月には王姪の大能信《だいのうしん》が左驍衛中郎将（正四品下）を受けたように、遣唐使が武官職を受けることが復活した。この武官職は大欽茂の薨去の後の冊封を受けない二人の短命な王につづいて大嵩璘《だいすうりん》が即位したが、そのはじめは例の左驍衛大将軍忽汗《こつかん》州都督《しゅうととく》渤海郡王の武官であったことに対応しよう。七九八年三月に大嵩璘が銀青光禄大夫検校司空《ぎんせいこうろくたいふけんこうしくう》忽汗州都督渤海国王と冊封されて以後では遣唐使への授官の具体的な記録は見えず、ただ「官告」を授与とのみあるが、官告の実は文散官の渤海国王に対応して文官の官告であったであろう。ただ、大能信の武官職の授与は大嵩璘が文散官の国王に進封された三月より後の十一月であったが、それは上述の対応関係を壊すものではなかろう。

この間の遣日本使が帯びた官号も渤海王国の冊封号の性格と対応関係がみられる。

遣日本使の帯官

すなわち、七二七年の遣日本使の高仁義《こうじんぎ》は寧遠将軍（正五品下の武散官）・郎将（十二衛または羽林軍に属して、正五品上）、また徳周《とくしゅう》は游騎《ゆうき》将軍（従五品上の武散官）あるいは游撃将軍（従五品下の武散官）・果毅都尉《かきとい》（折衝府の果毅都尉は従五品下から従六品下の武官）、舎航《しゃこう》は別将《べっしょう》（折衝府の別将は正七品下から従七品下の武官）、また、七三九年の遣日本使の胥要徳《しょようとく》は忠武将軍（正四品上の武散官）、己珍蒙《きちんもう》は雲麾《うんき》将軍（従三品の武散官）、七五二年の慕施蒙《ぼしもう》は輔国《ほこく》大将軍（正二品の武散官）であった。さらに、七五八年の楊承慶《ようしょうけい》は同じく輔国大将軍ながらも開国公の爵位を帯びており、楊泰師は帰徳将軍（従三品の武散官）であり、七五九年の高南申《こうなんしん》は楊承慶と同じく輔国大将軍・開国公であった。

ところが、つづく七六二年十月に越前に到着した遣日本使の王新福《おうしんぷく》は紫綬大夫《しじゅたいふ》行政堂省左允《こうせいどうしょうさいん》開国男《かいこくだん》であって、これ以後の大使は文散官を帯びた文官が任命されている。七七一年の壱万福《いちまんぷく》は青綬大夫の文散官であった。

この傾向は、七七六年の献可大夫司賓少令開国男の史都蒙《しともう》と、七七九年の献可大夫司賓少令の張仙寿に続いて、大欽茂の治世の間に見られるばかりでなく、その後の遣日本使にも現れ、八二一年の王文矩《おうぶんく》の後には文官の政堂省左允《せいどうしょうさいん》が大使となる傾向が強まる。ただ、七九八年十二月に方物を日本の王廷に献上した大使の大昌泰《だいしょうたい》が慰軍大将軍左熊衛都将《さゆうえいとしょう》上柱開国子《じょうちゅうかいこくし》の武官であったのは、前述の遣唐使の帯官の事例に通じて、大嵩璘の即位のはじめが将軍と郡王号の冊封であったこととの反映であろう。

このように大欽茂の治世の半ばまでは、渤海は武散官を帯びた武官を大使とする使節を日本に派遣した。これらの武散官は彼らが入唐《にっとう》したという記録を中国史書のなかに見つけだすことができず、また史書が渤海の王子や王族の入唐と授位を記録するあまりに渤海の下級官の入唐と授位の記録が落ちたとみることにも躊躇される。彼らが入唐しなかったとは言い切れないが、それらの武官や武散官は唐のそれと対応する点があるから、彼らは唐で受けた武散官を帯びて積極的に日本に向かった可能性も考えられる。その姿勢は大武芸が「渤海郡王」の冊封号で日本との外交を開いたことにも通じよう。

ただ、七六二年十月の王新福以後の遣日本使は、七九八年の武官の大昌泰を除いて文散官の文官である。その渤海の文散官と実職の名称は唐のそれとの対応関係はとくに見出し難く、大欽茂が大将軍号から文散官や三公にすすんだ天宝中から渤海国王に進封された七六二年までの間を画期として、渤海の官制が唐制をいささか借用した段階から個性をもつ王国の官制へと整備されていったことが予測される。

中央の行政機構

渤海の行政機構は、文武の散官の例に見られたように、唐制をモデルとしつつも王国の個性を滲ませつつ完成に向かった。その傾向は七六二年を画期として強まったであろう。

『新唐書』伝には、後述する張建章《ちょうけんしょう》の「渤海国記」を典拠として、八三四年当時の渤海の中央官制を簡略に整理している。このなかで政堂省左允は八二一年の王文矩や八四一年の賀福延《がふくえん》、八五九年の烏孝慎《うこうしん》、八七一年の楊成規《ようせいき》らに、また政堂省信部の少卿は八二五年の高承祖《こうしょうそ》、また文籍院の少監には八八二年の裴頲《はいてい》と八九二年の王亀謀《おうきぼう》、九〇八年の裴璆《はいきゅう》の実例がある。殿中寺の令では九〇八年の遣唐使の崔礼光《さいれいこう》が少令であったし、八三三年の遣唐謝恩使の高賞英《こうしょうえい》は同中書右平章事《どうちゅうしょうへいしょうじ》であった。

また八七一年の遣日本使の楊成規は「政堂省左允・正四品・慰軍・上鎮将軍・賜金魚袋《しきんぎょたい》」、副使の李興晟《りこうせい》は「右猛賁衛少将《うもうほんえいしょうしょう》・正五品・賜紫金魚袋」であった。これは「武員に左右猛賁、熊《ゆう》衛《えい》、羆衛《ひえい》、南左右衛、北左右衛あり、各大将軍一、将軍一」との『新唐書』に半ば一致する。

さらに、八八二年の裴頲は「文籍院少監・正四位・賜紫金魚袋」であり、副使の高周封《こうしゅうふう》は「正五品・賜緋銀魚袋」であったから、『新唐書』伝に「品を以て秩となす。三秩以上は紫、牙笏《がしゃく》、金魚を服し、五秩以上は緋、牙笏、銀魚を服す」という記録に一致する。すると、「六秩、七秩は浅緋衣《さんひい》、八秩は緑衣、皆木笏《もくしゃく》」であって、先の七六二年の遣日本使では大使、副使、判官につぐ品官の達能信《たつのうしん》が「緋」を服し、また七七一年の遣日本使には「緑」を着ていた訳語（通訳）以下の品官がいた例に対応する。貞孝公主墓の壁画に描かれた一二人の人物像からも八世紀の後半以来、渤海の政治社会に服制が機能していたことが窺《うかが》える。

なお、司賓寺は唐の則天武后の光宅元年（六八四）に外国使節の応接等を担当する鴻臚寺《こうろ》を改称した名であって、唐では中宗が復位した神竜元年（七〇五）に鴻臚寺に戻ったが、渤海はこれを採用しつづけていた。ちなみに、新羅では七五九年に、領客府を司賓府と改めたが七七六年に領客府と戻されている。

図6　貞孝公主墓壁画に描かれた人々

　また、『新唐書』伝に見られる文籍院の例は、八一九年の遣日本使の李承英《りしょうえい》が文籍院の述作郎《じゅっさくろう》であった。

　一方、『新唐書』伝にみえない官には、八一〇年の遣日本使の高南容《こうなんよう》が「和部少《わぶしょう》卿兼《けいけん》和《わ》幹苑《かんえん》使《し》開国子《かいこくし》」であったが、この和部とは「忠、仁、義、智、礼、信」の六部の異称か改称かであろうが、それらの類例がみられない。さらに、八七六年の遣日本使の楊中遠《ようちゅうえん》が政堂省の孔目官《こうもくかん》であった例がある。この孔目官は遅く、一〇三一年に契丹から高麗に「牒《ちょう》」を持って亡命してきた「孔目の王光禄《おうこうろく》」がいる。また、九三六年に後唐に入朝した烏済顕《うせいけん》は「政堂省工部卿」であったが、これから判断すると、工部は政堂省管下の六部の支司の一つが改

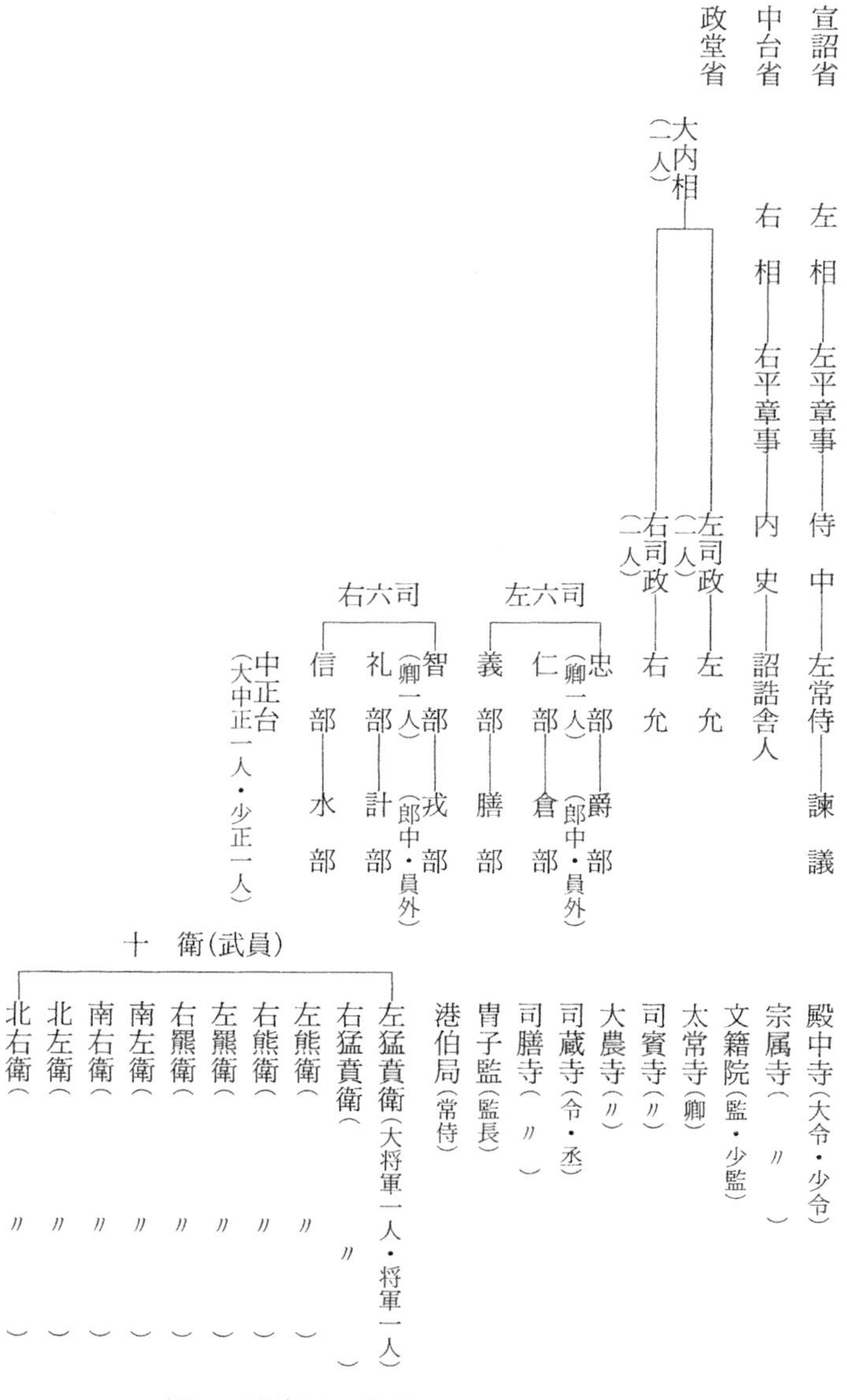

図７　渤海国の官制（『新唐書』渤海伝より）

称された名であろうから、渤海の官制は九世紀の後半にも改正があったものと推測される。

さて、『新唐書』伝の官制の記事や中国・日本の史料によって渤海に三省六部と七寺、それに一台、一局、一院、一監、十衛の制が品秩の制と一体として完成していたことが知られたが、これは「大抵、中国の制度に憲（ならい）象（かたどる）ことかくの如し」と評したとおりである。「憲象」は完成された王国の姿であった。上京を中心とした五京と一五府・六二州と中国の制度を「憲象」したとの印象を与える三省六部以下の官制の風貌は、「王国」にふさわしくまさに「海東の盛国」である。

人名の唐風化

王国の完成は官制にとどまらず、王都に居住する人々の姓名をも唐風化した。その変化は王族から臣下の上層部、そして下部から地方社会へと浸透していった。しかも、唐風の姓を持つに至るには、たんに改称ではなく、渤海王権に連なる氏族が分化していく社会変化がその根底にすすんでいたものと思われる。

姓ばかりでなく、名が靺鞨《まっかつ》族の固有語音からそれを漢字の好字を採用して、漢訳するか意訳した三文字の姓名に改まっていった。たとえば、大祚栄の父の名は乞乞仲象《こつこつちゅうしょう》とその音を漢字表記されたが、則天武后から震国公に封ぜられると「大」の姓を名乗ることになった。その子の大祚栄はみごとに唐様の姓と名である。

しかし、まだ名のみは靺鞨族の固有の語音を守る傾向は消えていなかった。大武芸の嫡男は大都利行といい、都利行とは靺鞨族の固有の語音であろう。大武芸の大臣には味勃計（七二二年）、武芸の弟に大昌勃価（七二五年）らがいたが、まだ固有音の漢字表記の傾向がみられた。

この傾向は王族を筆頭とする社会の上層ばかりでなく首領層にも見られる。大首領の烏借芝蒙《うしゃくしもう》（七二五年）や使者の烏那達利《うなたつり》（七三〇年）は、烏という靺鞨族にみられる一文字姓を持ったが、名の借芝蒙や那達利のように末音の蒙や利をもつ人物が靺鞨諸族の遣唐使にしばしばみられたように、名にはいまだ固有性を残していた。

しかし、七四一年に渤海の遣唐使の失阿利《しつあり》が黒水靺鞨《こくすい》の阿布利《あふり》とともに入唐して以後は固有色のある人名を遣唐使のなかに見ない。大欽茂が治世の半ばに当たる天宝中から七六二年の間に文散官の渤海国王として封ぜられると、王権の性格が大いに変容し、そのもとで遣唐使と遣日本使の外交を介して東アジアのなかの渤海王権が確立されていくが、そこでは渤海の官人は東アジアの政治世界に通用する姓と名を選択したのである。

地名の唐風化

人名とともに改名は地名にも及ぶ。地名はたんに居住する土地を区分して意識させるばかりではない。地名が地質や居住する人々の個性に由来する段階からすすんで、国家が地方支配の網の目を広くかつ縦横に敷いてくると、土地は人的・物的な収奪の対象となって地名をも上から定め固定化することになる。

渤海の建国初期には社会・文化の面において高句麗の伝統を継承し、また周辺や内部にもモザイク的に靺鞨諸族が居住していたから、地名もそれらの伝統を継承していた。若忽州《じゃくこつ》（七三九年）、木底州《ぼくてい》（七五八年）、玄菟州《げんと》（七五九年）などがその実例である。

さて、渤海の地名は『新唐書』伝に「地には五京、十五府、六二州あり」と州の地名が網羅されている。そこには八世紀後半以来の中央集権化された地方制度が背景にあるが、独奏州の三州を合わせても六〇州になるばかりで、六二州とはならないのは合計の誤りではなく、前述のように蓋州《がい》と崇州《すう》の二州の名が落ちていた。

ところで、六二州は一文字の地名であるが、大欽茂の治世の半ばまでは前記の遣日本使の帯官に見られた地名のように若忽州の「忽」は谷地を中心とする地形を意味する高句麗語の音表記であり、高句麗滅亡後に安東都護府《あんとうとごふ》に領属した鴨緑江以北沿いの旧高句麗故地に多い地名の語尾である。

また、木底州も鴨緑江以北の旧高句麗地域に木底城があって、ここに由来しよう。玄菟州も漢の武帝がおいた玄菟郡以来、高句麗の東部の故地に由来した地名である。

この二文字の州名が七五九年まで確認される。しかし、『新唐書』伝の州名は一文字の州名である。それは『新唐書』伝の地名が八三四年に唐の幽州から渤海の上京に使いした張建章《ちょうけんしょう》の復命書である『渤海国記』に由来するが、七五九年ごろから八三四年の間に、州名が高句麗的特性を捨て、好字を主とした一文字の州名へと改まる傾向が進んだのである。その背景には高句麗の故地とその周縁に分布する靺鞨諸族をその大小の首領を介して統治する体制の整備が進行していたことが推定される。

ここで目を唐に転ずれば、粛宗の至徳二年（七五七）十二月に諸州および官名を復し、蜀《しょく》郡を南京、鳳翔《ほうしょう》郡を西京と改め、それまでの西京（長安）を中京となすなどの改正をおこなっている。

この安史《あんし》の乱の鎮定後に挙行された唐の州名の改名や五京の整備が、渤海のそれに影響したものと思われる。渤海で好字を採用した一文字の州名が誕生したのは、七五七年の唐における諸州の改名の影響を受けたであろうから、玄菟州の記録のある七五九年からわずか後のことであろう。新制の地名もまた七六二年に誕生した渤海国王を飾る表象であろう。

新羅国の州名

南の新羅でも、『三国史記』に景徳王の在位十六年（七五七）十二月に沙伐《さばつ》州を尚《しょう》州、首若《しゅじゃく》州を朔《さく》州、熊川《ゆうせん》州を熊《ゆう》州、完山《かんざん》州を全《ぜん》州、漢山《かんざん》州を漢《かん》州へと、二文字州を一文字州へ改名したのみならず、五京や州郡県の領属関係を整備したとある。『三国史記』地理志にもこのことは記されている。七五七年十二月の年月は唐における京の整備と郡名の改称のそれと一致する。はたして、渤海では唐における安史の乱後の地方整備に倣って、地域の土着性のある地名を改称して好字を中心に一文字州に改めたが、新羅の地方体制の整備もその点では共通する。

さて、新羅では州郡の改名が唐と同年月におこなわれたのは不思議ではあるが、『三国史記』には七五六年に、蜀に逃れた玄宗のもとに新羅が遣使したことが記録されている。また、これに続いてこのときに玄宗から賜った「御製御書五言十韻詩」を後世の高麗の宣和中（一一一九～一一二五）に、金富儀が北宋の徽宗《きそう》の行在所《あんざいしょ》である汴京《べんけい》に使いしてその板本を徽宗に献上して、嘉《よみ》せられたことを記録している。

さて、この新羅の遣唐使は「御製御書五言十韻詩」を賜わって帰国したのだが、翌年の七五七年には安史の乱が鎮静化し、玄宗が長安に戻ると、乱後の整備の一つとして郡と官の名が改められたが、この遣唐使の帰国が新羅の州郡の改名事業を進めたのであろう。『三国史記』にはこの二年後の景徳王十八年（七五九）正月に官府や官職名を新羅の固有名から唐風に改めたとある。この改名は七五七年十二月に唐では官名が州郡の名とともに改名されたことを考えれば、新羅の官名は地名の改名より遅く、また唐の官名改正の影響を受けておこなわれたのであろう。

渤海と新羅は唐の体制整備の情報を得ると、これにあわせて唐風化をすすめたことになる。新羅では時まさに則天武后の治世のごとく、景徳王の妃の満月夫人が勢力をつかみ、やがて恵恭《けいきょう》王の王母としてこれを摂政するに至る時代であった。

なお、日本においても七五八年八月に官名を唐風に改めやがて復旧するが、新羅でも恵恭王の十二年（七七六）正月に官名と地名は復旧された。しかし、渤海国では復旧はなされなかった。

東京遷都

大欽茂は治世末期の七九〇年のやや前に、吉林省琿春県の八連城に比定される東京竜原府へ三度目の遷都をおこなった。ほどなく七九〇年三月に新羅を発った官位七位の一吉飡《いちきつさん》の伯魚《はくぎょ》らの新羅使を新都に迎えた。『三国史記』地理志には当時の唐の宰相の賈耽が外国から帰った使者などから聞き取った外国の交通路や地理を著録した『古今郡国県道四夷述』四〇巻のごく一部が転載されている。「渤海国の南海、鴨緑、扶余、柵城の四府はみな是《これ》高句麗の旧地なり。新羅の泉井郡《せんせい》より柵城府に至るはおよそ三十九駅なり」とある。泉井郡は今日の朝鮮民主主義人民共和国の江原道元山市付近の徳源である。ここには炭項関門があって新羅から渤海へ向かう境界である。ここから三九駅をへて伯魚らは東京竜原府（柵城府）に至った。駅間の距離は唐代の三〇里（約一六㌔）とすれば三九駅は約六二四㌔となって、地図上では大きくはずれない泉井郡と柵城（東京竜原府）の比定地である。渤海の王都がもっとも東へ海に近づいたわけであるが、また新羅にも近くなったから、新羅は渤海情勢の収集と隣好を図って遣使したのであろう。

渤海はこの伯魚をどのように迎接したか記録はない。一吉飡の官位は新羅が日本に派遣した使節のそれと大きな差はない。新羅は日本に対する外交と同格の隣好で渤海に対したのである。

一方、渤海が新羅に使者を送ったという記録は一つとしてない。七九四年には東京から上京へ遷都するから、この東京は五年間ばかりの王都であったが、そこは大欽茂が不幸におそわれた上京をさけてきた地であった。

さて、新羅はこの後八一二年にも官位九位の級飡《きゅうさん》の崇正《すうせい》らを渤海の上京竜泉府に送るが、官位は前回より二級下っている。両国の国家間の交流がいっそう疎遠になる傾向である。

大欽茂の悲痛

大欽茂は五七年の長い在位の後半に六度の不幸に見舞われた。王妃と二人の公《こう》主《しゅ》と世嗣《よつぎ》に先立たれ、また二公主の夫も亡くなっていた。

大欽茂は七七六年半ばに王妃に先立たれた。このことは同年秋に日本に通知された。十二月に越前に漂着した遣日本使の史都蒙《しともう》らは光仁天皇の即位を祝賀する使命をもったが、使命を果たして、翌年五月に渤海に帰国する際に光仁天皇から妃の喪を弔う詞と絹二〇疋、絁《あしぎぬ》二〇疋、綿二〇〇屯をうけていた。

不幸は翌年にも訪れた。七七七年四月十四日には二女の貞恵《ていけい》公主を四十歳で亡くした。三年半を過ぎて七八〇年十一月二十四日に公主の屍を敦化《とんか》の六頂山に埋葬した。そこは墓誌では「珍陵の西原」といわれる王陵の地である。渤海の王都の上京周辺には埋葬せずに旧国の地に葬ったのである。この珍陵は大武芸の陵墓である可能性も考えられる。大欽茂は父祖の眠る地に公主の霊を鎮めたのである（七三ページ、図5）。

妃と公主を喪《うしな》ったばかりでなく、『新唐書』伝には「子の宏臨《こうりん》、早死す」とあってこの宏臨を亡くしたことが大欽茂の後の王位継承を混乱させたから、宏臨は嫡子の世嗣であったであろう。世嗣の死も大欽茂が亡くなる七九三年以前のことであって、おそらく上京でのことであろう。

この「王国」の都上京で大欽茂が見舞われた五人の近親者の死去が、七九〇年のやや以前に東京へ遷都した要因のひとつと推定された。

しかし、不幸は東京遷都後にもおそってきた。七九二年六月九日に四女の貞孝《ていこう》公主を三十六歳で亡くした。半年後の十一月二十八日には染谷の西原に埋葬したが、そこは和竜県の竜頭山である。

大欽茂は治世の末期に王妃と世嗣、また二人の公主を亡くした。高齢の大欽茂は度重なる不幸のなかで四女の貞孝公主を埋葬して三ヵ月余の後、七九三年三月四日に悲痛のうちに亡くなった。その陵墓はどこか、現在では不明であるが、六頂山の聖域か琿春県の八連城の東京竜原府の墓域かで安眠をつづけていよう。

渤海国王の外交

七六二年、大欽茂《だいきんも》が渤海郡王から渤海国王に進封され、爵位《しゃくい》は従一品から正一品に上がると、この唐との外臣関係の上昇は隣好としてすすめてきた対日本外交に反映しないはずはなかった。それは外交の形式において顕著にあらわれる。

対日外交の摩擦

このころ、日本は新羅《しらぎ》との間に朝貢形式の外交を維持させようと礼の対立を深めていた。「三韓朝貢」の神話に固執する日本の律令官僚は「渤海国＝高句麗継承国」意識を固守していたから、対新羅関係とあいまって渤海の外交形式にも敏感になってくる。

大欽茂が「渤海国王」の名で最初に送った遣日本使は、即位以来の遣日本使としては五回目となるが、前回の使者の高南申《こうなんしん》らを渤海に送ってきた高麗大山《こまのおおやま》や伊吉益麻呂《いきのますまろ》らを日本に送るべく出航した大使の王新福《おうしんぷく》らであった。高麗大山が渤海からの帰国の船上で病に臥し、佐利翼津《さりよくのつ》で亡くなる不幸があったが、一行が七六二年十月に越前に到着したから、その年秋には上京を出発したのであろう。

大使の王新福は渤海固有の紫綬大夫の文散官を帯び、実職は行政堂《こうせいどう》省左允《しょうさいん》であった。先に官職の実例をあげたが、政堂省左允は正四品に相当するから「行」とあれば王新福の官位はそれより高いものであったことになる。

さて、これ以前の遣日本使は武散官を帯び、かつ外官であったが、ここに至って政堂省左允の、また文散官のほかに開国男の爵位を帯びた中央官が派遣された。

文官の王新福が武散官に変わって派遣されたことは、大欽茂の冊封が三公や正二品の特進の文散官を得て、渤海国王に冊せられる冊封の変化に対応しよう。文官の王新福がそのはじめの使者であった。

王新福は翌年正月に、大極殿において淳仁《じゅんにん》天皇に拝賀し、方物《ほうもつ》を献上した。儀礼の進行のなかで、大使の王新福は正三位、副使の李能本《りのうほん》は正四位上、判官の楊懐珍《ようかいちん》は正五位上、「緋《ひ》」色の服を着した達能信《たつのうしん》は従五位下等を受けたが、これは渤海の官位に対応して受けたものであった。王新福は正四品であって日本からは正三位を、これより副使、判官は下位を受けた。達能信の渤海での官位は不明だが、「緋」を着するのは六、七秩「位」であったから、対応するといえる。

なお、「従五位下」は七三九年の遣日本使のなかで、渤海では「無位」である首領の己閼棄蒙《きあきもう》が受けていた。

また、つぎの遣日本使の壱万福《いちまんふく》らの一行には「八秩」の「緑」色の服を着した下級の官がいて、これは従五位下より以下の官位をうけたから、やはり渤海の官位に対応する。

さて、王新福は唐における史朝義《しちょうぎ》の乱の勢いと唐の朝廷はこれに対して蘇州を維持するばかりで、朝貢路の通じ難いことなどの情報を日本に報告し、二月には藤原仲麻呂《なかまろ》の私邸で招待の宴を受け、やがて船師の板振鎌束《いたふりのかまつか》に送られて日本を出航した。

三二五人の大使節団

安史の乱が終結し、東アジアの緊張が和らぐと、渤海と日本との間に潜在していた課題がにわかに日本側から惹起された。

すなわち、七七一年六月には壱万福ら三二五人が一七艘の船に乗って、出羽の野《の》代湊《しろのみなと》に到着した。これまでの遣日本使の人数の記録では、七五二年の慕施蒙《ぼしもう》らの一行の七五人を最多としたが、ほかは二十余人程度であった。このたびの遣日本使は船数まで記録して大人数であり、一艘に平均二〇人弱の乗船である。一行のうちの四〇人が翌年の正月に賀正のため平城京に招かれ、二八五人は常陸に留めおかれた。

さて、壱万福は青綬大夫の文散官であったが、前回の王新福が紫綬大夫であったから、それより一等下位の文散官であろうが、実職は記録されていない。

翌年の正月に壱万福は方物を献上したが、渤海国王の表文《ひょうぶん》に対して日本の官人からその形式にクレームがつけられ、「例に違い礼なし」を理由に表文の受け取りを拒絶されたのである。慌てた壱万福は再拝し、かつ泣いて訴えたが、信物まで突き返されるに至って、壱万福はなんと「表文を改修し、王に代わりて申謝した」のである。

「礼なし」の表文とは、「日の下に官品と姓名を注さず、書尾に虚しく天孫の僭号《せんごう》を陳《の》べていたと言う。光仁天皇が壱万福に託して大欽茂に宛てる璽書《じしょ》には「天皇、敬《うやま》いて高麗国王に問う」とあり、また七五三年に慕施蒙が託された孝謙天皇の璽書と同じく高句麗王との「親しきこと兄弟の如《ごと》く、義は君臣の若《ごと》し」という朝貢形式を復活することを強い、渤海国王を「舅《おじ》」、天皇を「甥《おい》」と設定した今回の上表文の両国関係の規定は礼を失ったものと咎めていた。

さらに、表文が「天孫の僭号を陳」べていたとは、これより後の史料であるが、七八〇年十一月の貞恵《ていけい》公主と七九二年の貞孝《ていこう》公主の墓誌に読みとれるように、大欽茂に代表される大氏の王統を「天孫」の聖王と見る王者観がその背景にあろう。

渤海を高句麗の継承とみてこれを朝貢国とみなす日本側であったが、渤海の表文には「天皇」の臣であることを明記せず、しかも「天孫」などと日本側の律令官僚を刺激する渤海王を神聖視する尊号が記されていたのである。

渤海がこうした形式の表文を日本へ送った姿勢は、前述のように大欽茂が七六二年にそれまでの「渤海郡王」からすすんで「渤海国王」へ冊封されたこと、あるいはその前史として天宝中

（七四二〜七五六）におそらく武官の金吾衛《きんごえい》大将軍から太子詹事《せんじ》、太子賓客（ともに正三品）や特進（正二品）の文散官に上昇したことが、東アジア世界の国際関係における渤海国王の地位と性格に変化が醸成されたことに連なる。

さて、壱万福は渤海国王の大欽茂がおくった二回目の遣日本使であった。初回は前回の王新福らであったが、日本からの伊吉益麻呂らの帰国に同船し、唐の政情を口奏して報告したから、その形式については格段の記事はなかった。

だが、第二回の使者の壱万福に至って、渤海国王の表したいわば「隣好」の対日本外交の形式は、日本側に驚愕と礼への強い拒絶を起こした。それがために壱万福は表文を修正し外交を修めたのである。しかし、この改修は両者の間に潜在する問題の解決とはならなかった。表文改修の経緯や「礼無し」を指弾した光仁天皇の璽書が壱万福らによってはたして渤海王廷によく伝えられたかどうか疑問である。「礼」をめぐる摩擦の再発は起こりうるのである。

かくて、壱万福は前回の大使の王新福の正三位より低い従三位を、副使の慕昌禄《ぼしょうろく》はやはり前回の副使の李能本の正四位上より低い正四位下を受けたが、その低さは、王新福が紫綬大夫、壱万福が青綬大夫であった渤海本国での文散官の位階の差に対応したものといえよう。

大判官は正五位上、少判官は正五位下を、また録事と訳語（通訳）も従五位下を、さらに緑の服を着た下級官とそれ以下にもそれぞれに官位を受けた。また大欽茂に宛てた美濃絁《あしぎぬ》三〇疋、絹三〇疋、糸二〇〇絇《く》、調綿三〇〇屯のほか、壱万福以下も賜物を受け、七七二年九月に一行は武生鳥守《たけふのとりもり》らに送られ日本を離れたが、海上で暴風に遭い能登に漂着して福良の津に落ち着いた。翌年二月には副使の慕昌禄が死亡したが、やがて帰国の海路についた。

壱万福を尋ねて

七七三年、なかなか帰国せぬ壱万福らの消息を求めて、六月に烏須弗《うすほつ》ら四〇人が乗った一艘の船が能登に到着した。烏須弗が報書して言うには、日本使の内雄《うちお》が渤海に音声を学び帰国してすでに一〇年を過ぎ、その安否を求めて壱万福らが日本に派遣されたが、すでに四年がすぎても壱万福らはまだ帰国しておらず、その消息を求めて日本に送られたとの使命を述べた。

ところが、この四ヵ月後、壱万福らを渤海に送った武生鳥守が渤海から帰国してきたから、烏須弗が渤海の港を出てほどなくして壱万福らは帰国していたのである。

さて、前使の壱万福は、上表文は礼を失ってはならぬとする光仁天皇の璽書《じしょ》を受けていたのだが、今回の烏須弗の上表文を納めた函は「例に違って礼」はなかった。そのために迎接されず路粮を得て帰国させられた。しかも、今後の遣日本使は能登に来着せず筑紫道、すなわち大宰府に入国するよう勧められた。

ところで烏須弗は帰国の遅い前使の壱万福の安否を求めて派遣されたから、その使命のゆえにこれまでの遣日本使に比べて軽使である。烏須弗の官名、官位等は記録されていない。名は民族風であり官人であったか疑わしい。

烏姓には後に八四一年の遣日本使の判官であった烏孝慎《うこうしん》がいる。烏須弗の表函は礼に適っていないという日本の判断は、朝貢使を求める日本側の次元から能登の国司が下したのである。

『続日本紀《しょくにほんぎ》』では、七六二年の遣日本使の王新福以降の使節を「渤海国」や「渤海国使」と記録する。それは、大欽茂が送った表文ではそれまでの「渤海郡王」ではなく「渤海国王」と称していたことの反映であろう。それはまた、大欽茂が七六二年のおそらく春に渤海国王へ進封されたことが背景にあろう。

王妃の訃報

七七六年十二月に献可大夫《けんかたいふ》・司賓少令《しひんしょうれい》・開国男《かいこくだん》の史都蒙《しともう》ら一八七人が日本に派遣された。一行の船は不幸にも日本着岸を前に悪風に遭い、柁《かじ》は折れ帆は落ちわずかに四六人が生存した。判官の高淑源《こうしゅくげん》や少録事《しょうろくじ》ら一四一人が漂没した。

史都蒙の使命は光仁天皇の即位を祝賀し、あわせて「大欽茂の妃の喪」を伝えることであった。光仁天皇はすでに在位七年目であったが、即位のことは七七一年の遣日本使の壱万福の帰国によって知るところであった。しかし、その帰国は前述のように遅れたから、安否を求めて七七三年に烏須弗が送られたが、烏須弗と入れ替わるように壱万福が渤海に帰国したので、光仁天皇の即位の情報は、壱万福の帰国報告によって渤海王廷に知られることになった。

こうして史都蒙らが光仁天皇の即位の祝賀のために派遣されることになり、七七六年秋に南京・南海府下の吐号浦《とごうほ》を出航したのである。

さて、翌年の正月に、先の烏須弗らは筑紫道の大宰府に入国するように太政官より案内されていたが、史都蒙らはその命令に背いて加賀に来着したことを責められると、案内に添うべく出航して対馬の竹室津をめざしたが、風にながされて越前に漂着したと説明した。

余談だが、史都蒙は相法（観相して運勢を占う法）に明るく、二十歳の橘清友《たちばなのきよとも》を観るや、子孫は大貴に登るが、清友は三十二歳の時には危ういであろうと運勢を占ったと伝わるが、そのとおりに清友は三十二歳で亡くなり、娘は嵯峨《さが》天皇の皇后となっている。

生存した一行四六人のうちの一六人は加賀に留められ、三〇人が入京を許されることになると、史都蒙は一行の分離の処置は身体を裂くほどの苦しみであると訴えたから、全員が入京することを許された。

史都蒙は四月に入京して方物を献上し、光仁天皇の即位を祝賀し使命を果たすと、史都蒙が正三位、大判官の高禄思《こうろくし》と少判官の高鬱琳《こううつりん》はともに正五位上、大録事の史遒仙《ししゅうせん》は正五位下、少録事の高珪宣《こうけいせん》は従五位下を授けられた。先の青綬大夫の壱万福は従三位を、紫綬大夫の王新福は正三位を受けていたが、授位の点では史都蒙は王新福と同位である。ともに開国男の爵位であったことが共通する。

五月には史都蒙らは射騎《しゃき》や田儛《たまい》の儀に招かれ、また史都蒙らは返礼として渤海楽を奏するなどの儀礼がすすんだ。儀が終わると史都蒙らは綵帛《さいはく》を受け、また溺死した判官の高淑源には正五位上、少録事には従五位下の官位が与えられた。

　同月二十三日、史都蒙らは高麗殿継《こまのとのつぐ》らに伴われて帰国するが、大欽茂宛てには、即位の祝賀使派遣を謝し、また帰国のために造船したことを述べた璽書を託された。また絹五〇疋、絁五〇疋、糸二〇〇絇《く》、綿三〇〇屯と、史都蒙の希望により黄金小一〇〇両、水銀大一〇〇両、金漆一缶、漆一缶、海石榴《つばき》油一缶、水精《すいしょう》の念珠《ねんじゅ》四貫、檳榔《びんろう》の扇《おおぎ》一〇枚が贈られ、また、大欽茂の后を弔って、絹二〇疋、絁二〇疋、綿二〇〇屯を贈られて、史都蒙らは帰国した。

　ところが、翌七七八年四月には遣日本使の三〇人の溺死体が越前の江沼、加賀の二郡に漂着した。この溺死体が七七六年十二月に越前に到着する以前に漂没した一四一人の一部であれば一年余の後に漂着したことになって時間が空きすぎる。七七七年五月に帰国する生存者四六人のなかの三〇人とみれば、なんとこの史都蒙の一行は日本への往復ともに遭難したという悲劇になる。最終の帰国者ははじめの一八七人のうちわずかに一六人となる。三〇の溺死体は遣日本使とは関係のない渤海人の航海者の漂没だったのであろうか。

　史都蒙の一行は一八七人とも記録されたが、史都蒙は一行一六〇余人のなかで風漂、死没した者は一二〇人、生存した者は四六人であると述べていたから、『続日本紀』の記録のいずれの計数が正しいのか、あるいはその差の二一人は総計から抜かれた無位の梢工《しょうこう》（船頭）らであろうか。

ちなみに八四一年以降には遣日本使は一〇五人で構成され、そのなかの二八人が梢工であるが、その数に近い。

遣使と送使　七七八年九月、前年に遣日本使の史都蒙らを送ってきた高麗殿継らを日本に送るべく献可大夫・司賓少令の張仙寿《ちょうせんじゅ》らは二艘の船で越前の三国湊に着岸した。高麗殿継は一年余ぶりの帰国である。張は爵位が記録されていないが、帯官は史都蒙と同一である。翌七七九年正月、張仙寿は朝賀し方物を献上した。張の言うには、七七七年に史都蒙を送ってきた高麗殿継が日本へ帰国する海路に「遠夷《えい》の境」に漂着し船は破損したから、渤海では船二艘を造って護送して来たとのことである。日本と渤海と相互に造船して護送するまさに隣交である。張仙寿らは護送を慰労され、また位階と禄を受けるばかりでなく、大欽茂への璽書と信物を託されて翌二月に日本を離れた。

遣日本使が日本の送渤海（高麗）客使に護送されて帰国する例はここまでに高斉徳《こうせいとく》、己珍蒙《きちんもう》、高南申、王新福、壱万福、史都蒙に張仙寿、またこれ以後では呂定琳《りょていりん》、大昌泰《だいしょうたい》、高南容らを大使とする一行である。

一方、ここまでの遣日本使は最初の高仁義《こうじんぎ》の一行は別として、多くがこの日本からの送渤海客使や遣渤海使、また迎遣唐使使の回航に同船して日本へ渡海した。

鉄利靺鞨人の渡海

張仙寿らが渤海に帰国した七七九年の九月には渤海人と鉄利《てつり》靺鞨《まつかつ》人の合わせて三五九人が出羽に漂着した。これより先の七四六年には渤海人と鉄利人の計一一〇〇余人が渡海していったんは出羽に安置されたが、衣と粮《かて》を受けて返されたことがあった。今回の一行は七七一年の遣日本使の壱万福らの一行三二五人を超える人数であるが、七四六年の例の三分の一である。

そのなかでは押領《おうりよう》の高洋弼《こうようひつ》と通事《つうじ》の高説昌《こうせつしよう》が知られている。高説昌は従五位下の官位をすでに得ていたのは「遠く滄波《そうは》を渉り数廻入朝す」と記録されたように、これまでも遣日本使の通事として渡海していたからである。

すると、この一行は渤海の遣日本使であったようであるが、疑わしい。前使の張仙寿らの帰国の直後に渤海を出航したであろうが、張仙寿を護送した大網広道《おおあみのひろみち》を日本に護送する使命であったとは思われない。高洋弼が「押領」とあるのは三五九人中の多数と思われる鉄利靺鞨人を統制・指導する任務であろう。

「押領」の例では七九二年閏十二月に「渤海押靺鞨使」の楊吉福《ようきつふく》ら三五人が唐に出かけたことが、『唐会要』巻九六・渤海に記録されている。渤海政府が靺鞨諸族を組み込んで遣日本使や遣唐使を構成し、その団長格が「押領」であろう。

さて、この一行の目的は、七四六年に多数の渤海人と鉄利靺鞨人が渡海した例と共通して交易であったであろう。それも高洋粥や通事の高説昌が中心人物であったが、そこに渤海政府の関与があったかどうか疑問であるが、鉄利靺鞨人を案内した交易団であろう。七四六年の鉄利靺鞨人らも出羽に漂着したのは、その出港地が遣日本使のそれとは異なって鉄利靺鞨人の海上交通の海港であったことによろう。

この異例な一行はそれゆえに、高洋粥が軽微ならば賓待しないとの日本の方針であったが、常陸の調絁と相模の庸綿、陸奥の税布が渤海人と靺鞨人の禄に充てられることになった。これらの繊維製品は一行がじつは求めるものであったのであろう。

高洋粥は表を進め、それは「礼無し」と判断されたが、渡海の船は破損していたから九隻の船を得て出羽を離れた。

ところで、「鉄利の官人」が通事の高説昌と座位を争い、高説昌を侮《あなど》る様子があったが、日本の従五位下の官位を持つ高説昌の体面を守り、さらに、官位を授与した日本の王廷の名分をも保って、やはり高説昌の座位は鉄利靺鞨の官人の上とした。

この事件には鉄利靺鞨の官人も加わっており、鉄利靺鞨がむしろ中心となって渤海人に働きかけて対日本関係を利用しつつ日本と交易の扉を開けようとしていたことが窺える。

渤海人と鉄利靺鞨が随伴して日本に渡ったことは、九世紀に盛行する靺鞨諸族の首領六五人を随伴した一〇五人の遣日本使一行が行う公易の先駆という性格を持っていよう。そこに渤海国家と緊張関係を含みながらもそれに同化してしまわずに社会経済の面で成長した鉄利靺鞨族の一面をみることができよう。

こうしてこの一行三五九人は十二月に日本を離れた。

渤海使の不幸　渤海の遣日本使は、日本が求めた筑紫道に入国する海路を採らなかった。渤海が新羅を警戒し、また敬遠していたから比較的に新羅の沿岸近くを航海する海路を避けたというよりも、これまでに蓄積された航海術や船の性能と着岸以後に入京する陸路の便からであろう。

だが、出羽に漂着すると悲劇に見舞われることがある。七八六年九月に李元泰《りげんたい》ら六五人の乗った一艘が出羽に漂着した。一艘に六五人が乗船した船は、七七一年の壱万福の使行では一艘当たり二〇人ほどであったから、渤海の造船技術はかなり発達している。

さて、大欽茂が治世年間に送った最後、すなわち大欽茂の一〇回目の遣日本使となる李元泰の一行は出羽において蝦夷に襲われ、一二人が略奪され四一人が残った。梅師《かじし》や挟杪《かじとり》（船頭）は蝦夷に殺害されたというから、動向不明の一二人は梅師や挟杪であったかもしれない。八四一年の遣日本使の一行一〇五人のなかには二八人の梢工がいたが、これに比較すれば妥当な梢工の推定数である。

梅師や挟杪が殺害されてしまっては船は日本海上を走らない。そのために越後において一艘の船と梅師や挟杪と水手を得て帰国することになった。この越後の船一艘と梅師や挟杪、水手がその後日本へ帰国できたか、そのことは記録に見ない。

李元泰らは入京せず出羽から越後に進んで、五ヵ月で日本を離れたからその使命や官位等のことは記録にない。ただ、李元泰の姓名から判断するに、李は記録のとおり「渤海国大使」であったであろうが、不幸にも着岸するや蝦夷に襲われ、這《ほ》う這《ほ》うの態《てい》で日本を離れたのである。

大欽茂の遣日本使

大欽茂の治世の五六年間には、前述のように中央政府の関与が弱い七七九年の高洋粥らを除けば、一〇回の遣日本使が渡海している。

渤海の対日本外交は渤海王が唐の冊封を受けていたから、その冊封を背景としてすすめられた。大欽茂は啓書を通して即位を日本の王廷に告げたほか、終始日本とは隣交の外交姿勢をもって進めた。

ことに大欽茂が天宝年間にそれまでの左驍衛《さぎょうえい》大将軍（正三品）から太子詹事や太子賓客（ともに正三品）、また特進（正二品の文散官）を受け、つづいて七六二年には郡王から渤海国王へ、爵位では従一品から正一品にすすんで封ぜられた過程を分岐点として、遣日本使の大使は武散官を帯びた武官や地方官から文散官を帯びた中央官へと大きく変化していった。

この渤海の隣好外交に反して、日本の律令官僚は高句麗がすでに唐に滅ぼされたことを知っていながらも、渤海が登場するとこれを高句麗の王家が高氏から大氏に移ったとみることで、渤海が高句麗を継承して日本へ朝貢する国家であるとみなし、朝貢形式の外交を強要した。このように、いわば自己本意の対渤海認識によって、律令体制下の日本の「中華意識」を堅持しようとしたのであるが、「中華意識」を支えた他方の対新羅関係が八世紀半ば以降危うくなると、その反動で渤海を高句麗の復興とみる意識は強まってくる。

しかし、渤海は、日本が自己本意に強要する外交形式には、唐の冊封の進行という背景のもとで従うことはせず、それゆえに両国の外交の場面では摩擦が必然的に生ずることになる。

ただ、大欽茂の対日本外交は、唐の冊封のもとで隣交の外交をすすめる関係から、日本の遣唐使の帰国や派遣を護送したり、唐の朝廷の情報を伝達することをよく務めた。ここに渤海は唐と日本との「中継的役割」を果たすものと日本の律令官僚に実感され、しだいに渤海の「隣好」外交と自己本意の「中華意識」との妥協が醸し出されることになる。後述する漢詩交換の盛況がその好例である。

王国の社会経済

首領の動勢

大欽茂《だいきんも》の治世の半ば、七五〇～七六二年をもって渤海史を一区分できるが、その指標としてここに首領の社会・政治的動勢の変化をも加えることができる。

首領の語そのものは渤海に固有のものではなかった。固有語では音写表記の「舎利《しゃり》」にあたるが、その実態の漢訳が首領であって、大小の種族、氏族の長であろう。

漢訳された首領はそれゆえに渤海と唐、渤海と日本の外交と交易の国際関係の次元によく記録されることになる。その背景には首領を頂点とした地方社会に経済的成長がしだいに顕著になってきたことがあろう。

八四〇年に成立した『日本後紀』には、渤海知識を簡略に記して「渤海国は、処々に村里有り、皆靺鞨《まっかつ》部落にして、その百姓は靺鞨多く、土人少なし、皆土人を以て村長と為す、大村（の村長を）都督《ととく》と云い、次（の村の村長）を刺史《しし》と云い、その（都督、刺史の）下（にある村長は）百姓（の靺鞨人）であって、これを首領と云う。土地は極めて寒く、水田に宜《よろ》しからず」とまとめている。正確なまとめとはいえないながらも、渤海の中央集権体制の州県の根底にある靺鞨部落とその首領の政治的かつ社会的な存在が読み取れる。首領が政治的な要因のみならずやがては経済的要因に押されて唐や日本に出かけ、交易しまた賜物を持ち帰る社会経済的背景がここにある。

さて、渤海の首領の例は、七二五年正月に大首領の烏借芝蒙《うしゃくしもう》を唐に送って賀正させ、また四月にも渤海の首領の謁徳《えっとく》が黒水《こくすい》靺鞨の首領の諾固蒙《じゃくこもう》らと唐に朝貢し、折衝府の果毅都尉《かきとい》を受けたが、この年には黒水靺鞨や鉄利《てつり》靺鞨等の大首領がよく朝貢した。靺鞨諸族の首領とともに渤海の首領もそれらに促されるように朝貢した。渤海の王子とともに唐の朝廷に宿衛した渤海の首領もおり、七二七年四月には帰国を許されている。

渤海の建国過程と建国の当初、大祚栄《だいそえい》と大武芸《だいぶげい》の時代では首領が率いる靺鞨諸族を渤海の統治に取り込むことが欠かせなかった。黒水靺鞨に代表される隣接の靺鞨諸勢力に首領が取り込まれることは新興の渤海王権の基礎を危うくする要素であった。

大武芸が黒水靺鞨をめぐって執拗に弟の大門芸《だいもんげい》と対立したのも深い要因はここにあった。七三一年十月には大取珍《だいしゅちん》ら一二〇人が唐に派遣され、大取珍は果毅都尉を受け、それぞれに帛《はく》三〇疋を得て帰国したが、この一二〇人のなかには大小の首領が含まれていたに違いない。

七三一年秋に張九齢《ちょうきゅうれい》が撰文した「勅渤海王大武芸書」の結語に「卿及び衙官首領百姓みな平安なれば好し」とあり、また七三五年夏ごろの勅書にも「卿及び首領百姓等みな平安なれば好し」とあるのも、唐の側では渤海の王権が衙官（官僚層）のほかに中間の首領と百姓（被統治層）の上にあることを認知していたことを反映している。

七三五年八月ごろに大武芸が多蒙固《たもうこ》を唐に送って、登州攻撃で得た唐の水手《かこ》らを返還させた。その多蒙固は七三七年八月唐に朝貢して左武衛《さぶえい》将軍（従三品）を授かり、紫袍と金帯それに帛《はく》一〇〇疋《ぴき》を得て帰国したが、彼は渤海の統治下の靺鞨の大首領であった。七三七年正月に入唐《にっとう》した大首領の木智蒙《もくちもう》も多蒙固と政治・社会的な位置を同じくする。

ところが、唐と渤海の紛争が落ち着いた後では、首領が渤海の遣唐使の中心をなすことは、記録のうえでは渤海王権が衰亡する九世紀末まで見えなくなる。七九二年閏十二月に入唐した「渤海押《おう》靺鞨使の楊吉福《ようきつふく》」ら三五人の例は、靺鞨の大小の首領が楊吉福に「押領」されて入唐したのである。大小の首領の政治・社会的力量の低下である。

日本海を渡る首領

渤海王権に取り込まれた靺鞨諸族の首領は朝貢使や使節の一員として唐に出かけ、またその居住地によっては日本海を渡る者もいた。

七二七年九月に出羽に着岸した初の遣日本使の一行中には、首領の高斉徳《こうせいとく》がいた。大使の高仁《こうじん》義《ぎ》らが着岸地で殺害されたから首領の高斉徳が大使を代行したが、大使と同姓の高氏を姓としていたところをみると、首領とは言えかなり社会的・文化的にも高い存在であったであろう。

七三九年七月にも日本の遣唐使の平群広成《へぐりのひろなり》を日本に護送した己珍蒙《きちんもう》の一行にも首領の己閼棄《きあき》蒙《もう》がいた。この首領は日本海を渡海中に水死したが、渤海での官位は持たず、「無位」であった。己閼棄蒙は副使の己珍蒙と同姓であるが、己珍蒙が雲麾《うんき》将軍の武散官等を帯びていたが、己閼棄蒙の名はいまだ靺鞨の民族的な伝統をひいた無位の人であった。

これ以後では、八四一年の遣日本使が中台省の牒《ちょう》を日本におくったが、その一行のなかに「六十五人の大首領」がいたことが明記されている。このほかでは遣日本使の一行に首領が編成されていたとの記録は見えない。しかし、七四六年の一一〇〇余人と七七九年の三五九人の「渤海人と鉄利（靺鞨）人」のなかには、大小の首領がいたと見るべきであって、七七一年の三二五人の遣日本使、また七七七年の一八七人の遣日本使のなかにも多数の首領が編成されていたと見るべきであろう。

遣唐使の贈り物

大欽茂の治世の五六年間、渤海は四五回以上にわたって遣唐使を派遣し、賀正と謝恩等の礼を尽くした。

渤海から唐に献上された品物には、そのすべてが記録に残っているわけではないが、特異に思われた品物はよく記録される。たとえば、大武芸の時代の七二七年には大都利行《だいとりこう》が「貂鼠《ちょうそ》（テン）」を、七二九年には「鯔魚《しぎょ》（ぼら）」、開元十八年（七三〇）二月には馬三〇匹、同五月には

「海豹《あざらし》皮五張、貂鼠皮三張、瑪瑙《めのう》盃一、馬三〇匹」を、また開元二十五年（七三七）四月にも鷹と鶻《はやぶさ》を、さらに大欽茂の時代の開元二十六年（七三八）閏八月には「貂鼠皮壱千張と乾文魚百口」を、翌年の二月には「鷹」、また翌々年十月には「貂鼠皮、昆布」を、七四一年四月には「鷹、鶻」を、七四九年と七五〇年のともに三月には「鷹」を、七七七年二月にも「鷹」を献上した。

　七七九年五月に唐では代宗が崩御して徳宗が即位すると、翌月には民への賑恤《しんじゅつ》策のひとつとして「天下の州府及び新羅渤海の歳ごとに貢ぐ鷹と鷂《はいたか》は皆罷《や》めよ」との詔がくだったが、新羅と並んで渤海からも鷹と鷂が毎年貢がれていたことが知られ、献上が停止された後でも八一四年に鷹と鶻を献上している。

　八世紀初めの懿徳《いとく》太子墓の壁画には鷹と鷂を訓練する侍者が描かれており、また、土俑《どよう》にも鷹狩りに出かける騎馬の人物とその腕に止まる鷹を造り出している。

また、八二六年には二人の宦官《かんがん》が新羅に出かけ、鷹と鷂を得るが、鷹と鷂と鶻は唐の貴族青年の愛玩動物になっており、その供給地のひとつが渤海であった。

　また、『新唐書』伝の末部には「俗の貴ぶ」物産を「太白山の菟《うさぎ》、南海の昆布、柵城の豉《し》（まめ）、扶余の鹿、鄚頡《ばくけつ》の豕《ぶた》、率賓の馬、顕州の布、沃州の緜《まわた》、竜州の紬《つむぎ》、位城の鉄、盧城の稲、湄沱《びだ》湖の鯽《ふな》、果には丸都の李《すもも》、楽游の梨あり」と列挙していて、各地の多様な経済状況が窺える。

このなかで、南海の昆布は南京南海府、今日の朝鮮の咸鏡南道の北青あたりに比定されるが、唐に献上された昆布はここの産物であろう。

また「率賓の馬」は率賓府の管内、今日ではウスリスク地方の名馬であるが、七三〇年に馬三〇匹を献上したほかに、山東地方の節度使《せつどし》の李正己は大暦中（七六六〜七八〇）に「渤海の名馬を貨をもて市《か》う」とその『旧唐書《くとうじょ》』の列伝に記録されているように、率賓の馬を含む渤海の名馬が節度使の兵力を支えていた。

このほかには八一四年に「金銀の仏像各々一」体を唐に献上したことが注目される。

遣日本使の贈り物

一方、遣日本使の贈り物はどうであろうか。まず、七二七年に大武芸が送った最初の遣日本使が日本の王廷に贈った物品は「貂皮三百張」であった。第二回の使者は大欽茂が派遣したが、七三九年十二月に「大虫《だいちゆう》（虎）皮と羆《ひぐま》皮を各々七張、貂皮六張、人参三十斤と蜜三斗」を献上した。これ以後の遣日本使は、礼の摩擦を産んで着岸地から放還された使節のほかは、入京して「常の貢物」「方物」「信物」を献上したと記録されることが多いが、その実態は毛皮や蜜、人参等であったに違いない。物品がほぼこれらに固定していたであろうから、記録が粗略となっている。

唐と日本に送った渤海の物産では皮革が共通するが、唐には生きた猛禽類が毎年よく贈られたが、これを日本に贈ったという記録はない。ただ、八二三年の遣日本使が契丹大狗《きったんおおいぬ》二匹と猧子《わし》

（仔犬）二匹を贈ったことがある。猛禽を愛玩する趣向が日本の貴族世界にはとくには盛んでなかったからか、海上輸送に適さなかったからであろう。

だが、皮革の物品にもまして日本側の関心を強くひいた渤海からの贈り物は、前述したように唐の政治情報と日本の遣唐使の消息であった。渤海は唐と日本の、また日本と唐との交通と情報の中継役をかって、また意識的にその役割を外交に活用した一面がある。そのことは大欽茂の治世年間に現れていた。

これら渤海が唐と日本との中継の役割を果たす「隣好」の外交は、前述した大欽茂の治世の対日本外交の過程で確立されていった。

唐からの賜わり物

遣唐使は方物を献上するが、それに対する賜わり物としてそれに数倍する品々を受けて帰国してくる。遣日本使も同様であるが、中国史書は入唐した渤海の王子や使者に与えた官位とそれに付随する「紫袍、金帯」（七三七年の大首領の多蒙固、七三九年の王弟の大晟進の例）や「紫袍、銀帯」（七三九年の優福子の例）の官服等はよく記録している。八一二年では遣唐使の一行は官告とこれに対応する「衣一襲」をそれぞれ受けているが、賜わり物の記録はそれほどに詳細ではない。このことは渤海使ばかりでなく、異民族の入唐使についてもそうである。

賜物の例では、七二七年に大武芸の嫡子の大都利行が玄宗から勅書と綵練《さいれん》一〇〇疋を賜わった。

図8　貞孝公主墓壁画に描かれた内侍（左）と楽士（右）

翌年に大都利行が客死すると絹三〇〇疋と粟三〇〇石を賻物《ふもつ》として受けた。七三〇年には馬などの献上に対しては帛や絹二〇匹を賜わったが、翌年にも二度の遣唐使は帛一〇〇疋と一行一二〇人もおのおの帛三〇疋を賜わった。

帛と絹とは遣唐使が必ずといってよいほどに賜わった品物であり、七三六年にも帛三〇疋、七三七年には帛一〇〇疋を、また七三九年二月にも帛一〇〇疋を賜わったように定番であり、八一三年からは「錦綵《きんさい》」も賜わっている。

このほかに七三八年六月には『大唐開元礼』の写しと『三国志』『晋書』『三十六国春秋』の礼書と歴史書を得たが、また、前述したように七七三年閏十一月には質子《ちし》が盗みを許されて得た袞竜《こんりょう》の服もある。

唐から得た帛や錦綵は渤海の服制に少なからぬ影響をもたらしたであろうが、「貞孝公主墓」に描かれた一二人の人物画像の服装には唐風化した渤海官人や武人の服が窺える。大欽茂の治世年間をはじめとして遣唐使が得てきた帛と錦綵などは、渤海の官制の整備にともなって服制を完成する条件となっていた。

なお、後の八三八年には錦綵とともに銀器、八四六年には器皿など器物も賜わっている。

日本からの賜わり物

遣日本使も入京を許されて儀礼がすすめば官位を受け、それに対応した「衣服」と「冠履」を受けた。日本は渤海の遣日本使を臣属国からの朝貢使とみなしたので、官位と官服の授与は欠かせない儀礼であった。

七二七年の遣日本使は、この「当色の服」のほかに綵帛《さいはく》、綾《りょう》、綿《わた》を受け、また国王の大武芸宛の「綵帛十疋、綾十疋、絁《あしぎぬ》二十疋、糸百絇《く》、綿二百屯」を受けた。

さらに、大量には七三九年の遣日本使が、大欽茂宛の「美濃絁三十疋、絹三十疋、糸百五十絇、調綿三百屯」を受け、副使の己珍蒙が「美濃絁二十疋、絹十疋、糸五十絇、調綿二百屯」、また隋員もそれぞれに受けた。また、この一行のなかで水死した大使の胥要徳《しょようとく》と首領の己閼棄蒙にも「調布百十五端、庸布六十段」が賻物として与えられた。

七五九年正月には大欽茂宛に「絹四十疋、美濃絁三十疋、糸二百絇、綿三百屯」のほかに「錦

表　遣日本使への下賜品

受納者	絹	絁	糸	綿
渤海王	30疋	30疋	200絇	300屯
大　使	10疋	20疋	50絇	100屯
副　使		20疋	40絇	70屯
判官		15疋	20絇	50屯
録事		10疋		30屯
訳語・史生・首領		5疋		20屯

四疋、両面二疋、纈羅《けちら》（しぼり染めのうすぎぬ）四疋、白羅十疋、綾帛四十疋、白綿百帖」を、七六〇年正月には同じく大欽茂宛に「絁三十疋、美濃絁三十疋、糸二百絇、調綿三百屯」を受けた。また、七六三年二月には大使の王新福が「雑色の袷《あわせ》衣《きぬ》三十櫃《ひつ》」を得ている。

七七二年二月には、壱万福は大欽茂宛に「美濃絁三十疋、絹三十疋、糸二百絇、調綿三百屯」を受けた。

七七七年五月には、光仁天皇の即位を祝賀する史都蒙が「絹五十疋、絁五十疋、糸二百絇、綿三百屯」と、また史都蒙が求めて「黄金小百両、水銀大百両、金漆一缶、漆一缶、海石榴《つばき》油一缶、水精念珠《すいしょうねんじゅ》四貫、檳榔扇《びんろうせん》十枝」を受け、さらに亡き王妃の賻物としても「絹二十疋、絁二十疋、綿二百屯」を得て帰国した。

これら遣日本使が大使から首領までのほかに、国王宛ての絁と綿などを得て渤海へ持ち帰った物品は膨大な繊維の中間製品であるが、これらは渤海の社会・経済にどのような変化・発展をもたらしたであろうか。詳細はわからないが、「頴州の布、沃州の緜、竜州の紬《つむぎ》」の生産と加工に刺激を与えたであろうし、また綿などは服制に大きく作用したに違いない。後になると、遣日本使の派遣の年限の撤廃を求め、一行中に首領を増員して送り、多量の賜わり物の獲得を図ることになってくる。

こうして渤海国王や、また遣日本使の首領までが得た品々はほぼ定額となるが、渤海滅亡直後にあたる九二七年に編纂された『延喜式』（藤原時平らの撰、巻三十・大蔵省「賜蕃客例」）においては、その品種と量は右表のようにまとめられた。

「富」の時代

海東盛国

王権の動揺

王位の兄弟継承

大欽茂《だいきんも》は七九三年三月四日に亡くなった。これより先に、嫡子の大宏臨《だいこうりん》は「早死」していた。「東宮」（世嗣）とみなされた大宏臨は、四女で姉の貞孝《ていこう》公主が七九二年六月九日に三十六歳で亡くなっていたから、その「早死」が大欽茂の死亡より先に死亡したということであれば、七九三年三月までの間に大宏臨が亡くなったと考えられ、生存していれば、この年には享年三十七歳以下であったと理解される。

ただ、大宏臨が年若く亡くなったとすれば、その年月は記録にあらわれないが、その死後には王位継承者があらたに定められたに違いない。

大欽茂の王子や王弟を記録から拾い出せば（カッコ内は記録の年）、王弟の大勗進《だいきょくしん》（七三九年）、王弟の大蕃《だいばん》（七四三年）、王子の大貞翰《だいていかん》（七九一年）等がいる。また、質子《ちし》の大英俊《だいえいしゅん》（七七四年）

も王子であったと思われるが、大貞翰は大欽茂の死去の際は唐に宿衛中だったであろうから、治績の高い大欽茂の亡くなった王廷には大宏臨に継ぐ嫡子はいなかったようであり、大欽茂の治世の後半では王の身辺はきわめて不幸であったと思われる。

大欽茂の家族

大欽茂は七三七年後半に即位したが、「貞恵《ていけい》公主墓誌」から算出すると第二女の貞恵公主がこの年に誕生している。すなわち、即位以前にも大欽茂の婚姻はなされており第一公主は生まれていた。さらに「貞孝公主墓誌」から算出して、在位二〇年目の七五六年には第四女の貞孝公主が誕生した。この間には第三の公女も誕生していたことになる。

図9　貞恵公主墓誌

この名の伝わる二人の公主は「東宮の姉」であり、東宮たる嫡子の大宏臨のほかに嫡出の弟たちがいたならば、彼らは第四女の誕生した七五六年から王妃が亡くなる七七六年までの二〇年間に誕生していよう。

中国史料には大欽茂の治世の前半の遣唐使には王「弟」や「臣」が遣わされたことが記録されている。しかし、王子を派遣したという記録は、七七三年のかの袞竜《こんりよう》の服を盗んだ「質子《ちし》」（大英俊か）や七九一年八月に入唐《につとう》宿衛した「王子大貞翰」のほかは見えない。このことは大欽茂には四女の後には嫡子の大宏臨が産まれたが、大英俊や大貞翰は非嫡子の王子であった可能性が高く、大宏臨につぐ嫡子の王子はいなかったか、いても少なくかつ幼年であったであろうと推測される。

族弟の大元義

長期の王位はその死後の王位継承に混乱を生みがちである。しかも嫡子の大宏臨は大欽茂より先に亡くなっており、王子の大貞翰は在唐宿衛中であった。そこで七九三年三月に大欽茂が亡くなると、やがて一族中の「族弟」、すなわち王家の始祖王たる大祚栄《だいそえい》から世代を下って大欽茂とは同世代となる大元義《だいげんぎ》が王位に登った。

大元義は王廷に広い支持がなかったらしく、また即位が実力によったからであろうか、また人となりが「猜虐《さいぎやく》」（心が狭く、疑い深い）であったから、王族を中心とした王都の「国人」に人気はなく、在位一年にして殺害されてしまった。

その即位時にはやはり年号は立てられたであろうが、記録に残っていない。また、大元義の諡《し》号《ごう》が記録されていないことは、つぎに立った大欽茂の嫡孫である大華璵《だいかよ》の王廷では、王位の簒奪《さんだつ》者《しや》としてその王位は封印されたであろうから、諡号が贈られなかったのであろう。

大欽茂の死後と大元義の即位と被殺の間は、王位継承問題を中心として王権の動揺が激しく起こったものと推測される。

大元義のきわめて短い治世の間、七九四年二月に入唐した王子の大清充《だいせいいん》は右衛将軍同正（従三品）を受け、同行の三〇余人も官爵をうけた。入唐の年月から判断して大清允は大元義の王廷が派遣した使節であろう。多数が唐から官爵を受けることによって王権を強化する外交策であろうが、これ以降に渤海の遣唐使が集団で受官する始まりとなった。しかし、大清允の一行が帰国する前に、大元義は殺害されたのである。

さて、七九四年の前半に、王位には大宏臨の子、すなわち大欽茂の嫡孫となる大華璵が登った。年号は中興と立てられた。まさに王家と国家の安定を願った意志が込められた年号である。しかし、大華璵は、即位時の年齢は前述のように父の宏臨の享年から判断して若く、「中興」の目標を立てたように、王権の強化をはかり、また祖父の大欽茂が不幸を避けて遷った東京を出て上京に復都した。

しかし、その「中興」の志も空しく、王は一年もせずに亡くなった。王廷の権力が王都の支配層をなした「国人」たる王族や官僚によって掌握された部分があり、王権がなお動揺していたことが知られるが、その確立はつぎの大嵩璘《だいすうりん》の即位を待つことになる。

大嵩璘の中興

大華璵の短い在位の後、大欽茂の嫡孫の大嵩璘が王位についた。七九四年の後半のことである。

大嵩璘については、『新唐書《しんとうじょ》』伝には「欽茂の少子の嵩璘、立つ」とその系譜と即位を記録する。ところが、大嵩璘は七九五年に呂定琳《りょていりん》らを日本に送って即位を告げるが、その啓書のなかでは「祖大行大王、大興五十七年三月四日を以て薨《こう》ず」と通知し、「孤孫大嵩璘」と自称したように、大嵩璘は大欽茂の孫なのである。

大華璵とは同じく玉偏の嵩璘を名乗るからには世代を同じくして玉偏を排行としたとすれば、大嵩璘は華璵の弟であろうから、即位時にはやはり若年であろう。

かくて即位した大嵩璘は、兄王の華璵に成王の謚号を贈り、年号を正暦と定めた。

「渤海国王」の再現

大嵩璘はよく遣唐使を派遣した。その狙いは王権の安定を得ることにあったが、それは祖王の大欽茂と同格の冊封号《さくほう》を得ることに象徴される。『新唐書』伝には「欽茂の少子（末の子）嵩璘」と記録された大嵩璘は『全唐文』に収録された「弔渤海郡王大欽茂書」では、大欽茂の「長嫡」（嫡長子）とみなされていた。石井正敏氏が推定したように、大嵩璘は大欽茂の孫でありながらも、その嫡子としての即位を唐の朝廷には告げたのであろう。それは、唐の皇帝の外臣であることを後ろ盾にして王権の安定を図るには、嫡子の継承とすることによって高い冊封を求めたからであろう。

即位の翌年、七九五年二月には渤海王廷は唐から大欽茂を弔祭し、大嵩璘を冊封する内常侍の殷志贍《いんしせん》を迎えた。大嵩璘は左驍衛大将軍忽汗州都督《さぎょうえいだいしょうぐんこつかんしゅうととく》渤海郡王と冊封されたが、それは大欽茂のはじめの冊封号と同じであって、七六二年以来の渤海国王の冊封ではなかった。

大嵩璘はこの将軍号と郡王号には満足しなかった。文散官と国王の号を求めた。『旧唐書《くとうじょ》』伝には、大嵩璘は渤海国王の大欽茂の子として即位を唐に告げ、はじめに受けた冊封号が「父」欽茂と同格ではなかったから、同格たるべき「理《ことわり》」を「叙《の》」べたとある。大欽茂の死後に揺らいだ大氏本流の王権を、唐の皇帝の外臣としても高い冊封を得ることによって再強化しようとしたのである。そのためには大欽茂の冊封号と同格であることは是非とも必要であった。

その甲斐あって七九八年三月には郡王から「銀青光禄大夫《ぎんせいこうろくたいふ》（従三品の文散官）検校司空《けんこうしくう》渤海国王」へ進封され、検校とはいえ三公のひとつの司空（正一品）を得た。大欽茂の七六二年以来の冊封号と同格に達したのである。

こうして一時の王権の混乱は静まる方向へ向かった。大嵩璘は八〇四年十一月に遣唐使を送り、八〇五年五月には検校司空・銀青光禄大夫から金紫《きんし》光禄大夫（正三品の文散官）と「検校司徒」（三公の一つで正一品）を得て、文散官はひとつ上昇した。また、翌年十月には検校太尉《たいい》（三公の一つ）を得た。

大嵩璘は盛んに遣唐使を派遣した。こうした親唐策のなかで、八〇七年には進奉端午使《しんぽうたんごし》の楊光《ようこう》信《しん》がどういうわけか長安から逃げ帰るという事件が起きた。洛陽に至る要所の潼関《とうかん》で役人に捉えられ、宮中の儀兵に取り調べられた。これは『冊府元亀《さつぷげんき》』巻九九七の外臣部・悖慢《はいまん》（道にもとり人をあなどること）にある記事であるが、長安からの「逃帰」のことが悖慢とされたのであろうが、「逃帰」するに至る経過は残念ながら不明である。かの七七三年閏十一月の質子の「袞竜」の盗み事件のように、なんらかの失態を犯したのであろう。

大嵩璘の対日本外交

唐の冊封号では祖父の大欽茂に並ぶことを求めた大嵩璘は、対日本外交にも安定を築くことに努めた。

七九五年十一月、大嵩璘がはじめて派遣した遣日本使の匡諫《きょうかん》大夫の文散官をもつ工部郎中の呂定琳ら六八人が出羽に漂着した。翌年四月、大嵩璘の啓書によって使命が王位継承と祖王の大欽茂の崩去を知らせ、また「旧好」の再開を求めて在唐学問僧の永忠の書を伝えることであったことが明らかとなった。

同年五月、桓武天皇は帰国する呂定琳を送る遣渤海使に御長広岳《みながのひろたけ》らを充て、大嵩璘にはその啓書に不遜の文辞があったことを諭す璽書《じしょ》と絹二〇疋《ぴき》、絁《あしぎぬ》二〇疋、糸一〇〇絇、綿二〇〇屯を与え、さらに在唐学問僧の永忠に届けるよう沙金三〇〇両を託した。

呂定琳らは無事に渤海に帰国してきたが、呂を送ってきた御長広岳らが日本に戻るにあたって、大嵩璘は「辞義温恭」なる啓書を託し、そのなかで遣日本使を派遣すべき間隔年数の取り決めを求め、来年秋にも使節を送る旨を伝えた。その啓書はやがて同年十月、御長広岳らの帰国とともに日本に伝えられた。

すると、七九八年五月に日本を発った内蔵賀茂麻呂《くらのかもまろ》らがやってきて、遣日本使の派遣間隔の件は、航海の困難を考慮して「六年に一度」とする日本王廷の回答が伝えられ、また絹三〇疋、絁三〇疋、糸二〇〇絇、綿三〇〇屯を受け、在唐留学僧の永忠に送る書の転送が依頼された。

六年一度の通交

渤海はこの内蔵賀茂麻呂を送って慰軍大将軍左《さ》熊衛《ゆうえい》都将《としょう》上柱将《じょうちゅうしょう》開国子《かいこくし》の大昌泰《だいしょうたい》らを日本に派遣した。大昌泰らは七九八年十二月には日本に着岸し、大嵩璘の啓書と方物《ほうもつ》を献上し、通好期間の六年を短縮するよう日本王廷に再考を求めた。

大昌泰は渤海の固有の武散官、爵位を帯びており、三二回の遣日本使では王家と姓を同じくするただ一人の使者である。七六二年十月に日本に到着した王新福《おうしんふく》以来、渤海国王たる大欽茂が文散官の使節を日本に派遣していたが、ここで武散官の使節を日本に派遣した。このことは、大嵩璘がはじめ武散官の将軍号をもつ渤海郡王として冊封され、文散官の渤海国王に冊封されるのはこの年の三月であって、その報が渤海の王廷に届く以前に、渤海に来ていた内蔵賀茂麻呂を日本に送るべく武散官の大昌泰の派遣が準備されたからであろう。

さて、翌年正月には大昌泰は朝賀の儀に参席し、宴に与《あずか》って射をおこなった。こうして四月に大昌泰が帰国することになると、滋野船白《しげののふなしろ》が護送することになり、また絹三〇疋、絁三〇疋、糸二〇〇絇、綿三〇〇屯を受けた。さらには桓武天皇の璽書によって、六年一度の通交の制限は、海路の困難を配慮して、通交の間隔制限はことに問わないことが伝えられた。

大嵩璘は六年一度の通交の期限が「年限を労するなかれ」とされたことを感謝する啓書を日本

へ戻る滋野船白に託した。

かくて、渤海は遣日本使を任意に送り出すことが可能となったが、それは、後述するように渤海の政治・経済の要因が左右して交易を盛んにするものとなった。

大元瑜の即位

八〇八年の後半に大嵩璘が亡くなると、在位一四年間に安定に向かった王権は、嵩璘と同じ玉偏《たまへん》を名にもつ嫡子の大元瑜《だいげんゆ》が即位することで引き継がれた。元瑜は父王に康王の諡号をささげ、在位の年号を永徳と定めた。大元瑜の王位継承はすぐさま唐に告げられ、翌八〇九年正月には父の大嵩璘を弔祭し、元瑜を渤海国王に冊封する使者に中官の元文政《げんぶんせい》が充てられ、渤海に向かった。嵩璘が即位のはじめの冊封に不満足を覚え唐に「叙理」し、三年にして得た「銀青光禄大夫」と「渤海国王」の冊封号は大元瑜の即位時にはそのまま継承され、また、渤海王としてははじめて検校ながらも秘書監（従三品の秘書省の長）を受けた。

大元瑜も父と同じく遣唐使を盛んに派遣した。『新唐書』伝にはその回数を「元和中（八〇六～八一二）凡《およそ》十六たび朝献」と集計している。大嵩璘から大元瑜を経て、また弟の大言義《だいげんぎ》と大明《だいめい》忠《ちゅう》の代とそして大仁秀《だいじんしゅう》の代の初期にも毎年の派遣であった。

『旧唐書』伝には「元和五年（八一〇）朝貢者二」と一年に二回の遣唐使のあったことを記録するが、そのうちの一つは子の大延真《だいえんしん》らであり、八一一年正月には使者の三五人がそれぞれに官告とそれに合う衣服を得ている。

やがて大元瑜が八一二年後半に亡くなると、弟の大言義が王位を継承した。はじめての兄弟継承である。

高多仏の残留

大元瑜は即位の翌春、すなわち、八〇九年正月に唐の冊封を受けると、夏には高南容《こうなんよう》らを日本に派遣した。一行は日本に着岸すると十月には方物と啓書を献上した。高南容は翌八一〇年に帰国し、また折り返し日本に使行するが、その啓書によって官爵が和部少卿《わぶしょうけい》兼《けん》和幹苑使《わかんえんし》開国子《かいこくし》であったことが知られる。

高南容らは八一〇年四月には平安京の鴻臚《こうろ》館にて饗宴を受け、やがて嵯峨天皇の璽書を受けて帰国の途についた。ところが、首領の高多仏《こうたふつ》が一行から抜け出し越前に残留したのである。高多仏は越中に移され、羽栗馬長《はぐりのまなが》や語学生に渤海語を教習することになった。高多仏はその語学指導の成果が認められたのか、八一二年十二月には高庭高雄《たかばのたかお》の姓名を与えられている。

首領の高氏といえば、七二七年の遣日本使の一行に首領の高斉徳《こうせいとく》がいたが、その大使も高氏であった。高多仏が一行から抜け出した真意は不明であるが、越中において渤海語を語学生らに教習させたことは興味深い。

ここに至るまで日本に到着した一四回の渤海の遣日本使の一行は、日本側との意志疎通のために、文字言語では中国文（漢文）の外交文書等を交換していた。しかし、音声言語はどうであったか、交渉記録にはこれに関する言及はない。双方の音声言語になんら支障がなかったかのようである。そこに通事が仲介して中国語で対話したからであろう。

ところが、ここに至って遣日本使の着岸地である越中・越前地方に渤海語の修得の必要性が高まっており、渤海語の会話者が求められていたのである。それは着岸地から入京が許されず、入京した大使一行が帰国時に着岸地方に戻るまでそこに留め置かれた渤海人や靺鞨人が少なからずいたからであろう。八〇四年六月には能登に客院を営造するよう桓武《かんむ》天皇の勅がおりていた。着岸地に居残る渤海人らはただ入京の大使らをそこで待つのではなく、その地で携帯品を交易する活動をおこなっていたに違いない。越中・越前地方で渤海語が駆使できる人材を日本の側が必要とするようになっていたのである。

首領の高多仏が教授する言語は、中国語や漢文ではなく、高多仏が首領として存在する靺鞨《まっかつ》族社会で話される靺鞨族の言語、いわば渤海の口語であったのではなかろうか。

高南容の再度の日本行き

八一〇年夏に渤海に戻った高南容はすぐさま渡海し、九月末に方物と啓書を献上した。啓書を通して桓武天皇の崩御と嵯峨《さが》天皇の即位とを慶弔していた。高南容が同年夏に帰国してすぐさま再び日本に派遣されたのは、先の使行で天皇位の継承を知ったから、使命の第一はこの慶弔にあった。

十二月には林東人《はやしのあずまひと》が送渤海客使に任ぜられ、やがて高南容らは入京することとなった。翌八一一年正月、高南容らは朝集院で饗を受け、天皇の璽書を得て帰国することになった。このとき、送渤海客使としては七回目ではあるが、これが最後となる遣渤海使の林東人は、四月末に渤海に向かった。

十月、林東人は渤海から帰国したが、林東人が高南容を送って大元瑜から受けた書は啓書ではなく「状」の文書であり、常例に拠っていなかったからこれを受けずに渤海を発っている。また一行の上毛野《かみつけの》嗣益《つぐます》の乗った船は航路を失い、行方不明となってしまった。

大言義と大明忠の治世

大元瑜《だいげんゆ》は在位四年にして八一二年の後半に亡くなると、王位は長弟の大言義《だいげんぎ》に継承された。新王は兄王に定王の諡号《しごう》をおくり、年号を朱雀《すざく》と定めた。

副王の性格

『新唐書』伝には渤海の王廷では王の「長子を副王という」と記録しているが、後の大彝震《だいいしん》の王代では長子ではない弟の大虔晃《だいけんこう》が副王としてその王位を継承したが、これより早く、大言義が王弟から即位していた。

それは大嵩璘《だいすうりん》の一四年間の王位は長子の副王たる大元瑜とで大欽茂《だいきんも》の崩御後の動揺した王権の安定をはかったが、大嵩璘の死後は長子の副王の大元瑜が即位したのみならず、その王権は王の長弟の大言義を副王とすることで安定がはかられた。

さて、即位の翌年正月、大言義は兄王と同じく銀青光禄大夫《ぎんせいこうろくたいふ》検校秘書監《けんこうひしょかん》忽汗州都督《こつかんしゅうととく》渤海国王と冊封《さくほう》され、冊立宣慰使《さくりつせんいし》として唐からやってきた内侍の李重旻《りじゅうみん》を王都の上京竜泉府に迎えた。大言義もよく遣唐使を派遣した。冊封を得た八一三年には十二月に王子の大文徳《だいぶんとく》ら九七人を送り、錦綵《きんさい》を賜わって来た。翌年正月にも高礼進《こうれいしん》ら三七人が金と銀の仏像をそれぞれ一体献上し、翌月には彼らは麟徳殿に召かれて宴待されている。

この年の十一月には遣唐使が鷹と鶻《はやぶさ》を献上し、十二月にも大孝真《だいこうしん》ら五九人を唐に送った。遣唐使の派遣はつづき、八一五年の正月には卯貞寿《うていじゅ》らが官告を受け、二月には大呂慶《だいりょけい》らが、また三月にも遣唐使が官告を受けた。同七月には王子の大庭俊《だいていしゅん》ら一〇一人を派遣した。

渤海使が唐の朝廷から官告を受ける例は、兄の大元瑜が送った遣唐使が八一二年正月に官告三五通と衣それぞれ一襲を賜わり、また八一六年春の朝貢使の高宿満《こうしゅくまん》ら二〇人も錦綵と銀器のほかに官告を賜わったように、官告とそれに対応する衣服とは一対で与えられ、これらを渤海に持ち帰ったに違いない。

大言義の派遣した遣唐使はよく官告を受けた。唐の官告が渤海の政治社会でどのように反映されたかは注意されてよい。渤海の官僚の官位は大欽茂の治世までは、かの遣日本使の帯官にみられたように、唐の官位制に対応関係が窺えながらもまた渤海の個性が保たれていた。しかし、ここに至って、官位の源が渤海国王であるほかに唐の皇帝でもある傾向が生まれたのである。

かくも熱心な親唐策のなかで大言義は四年余の在位の後、八一六年の末か八一七年の初めに亡くなり、また弟の大明忠が即位した。

大明忠の即位

大言義が亡くなると、王位には再び王弟の大明忠《だいめいちゅう》が即いた。弟王は亡き兄王に僖《き》王の諡号をささげ、年号を太始と定めた。しかし、『新唐書』伝には「立つこと一歳にして死す」とある。『冊府元亀《さっぷげんき》』の外臣部には元和十二年（八一七）二月に遣唐使が朝貢し、三月に遣唐使の大誠慎《だいせいしん》らが錦綿を賜わったが、これは同一の遣唐使のことであろう。このときに大明忠を冊封したとする記録を見ないから、入貢した大誠慎らは新王の大明忠の即位を告げる遣唐使ではなく、大言義の在位中に派遣されたのであろう。

すると、大言義の死亡と大明忠の王位継承は八一七年初のことになり、八一八年三月に李継《りけい》嘗《しょう》ら二六人が入唐したのは大明忠の逝去を告哀する使命であって、このときまでに遣唐使の記事を見ないから、大明忠は遣唐使を派遣し冊封を求請《きゅうせい》することはなかったものと思われる。大明忠の「一歳にして死す」とは自然死なのか、あるいはそこに王権内部の動揺を推測する余地もある。すなわち、つぎには大欽茂から大嵩璘に至るこれまでの大氏の本流ではなく、対外積極策をすすめる従父《おじ》の大仁秀《だいじんしゅう》が王位を継承したからである。

かくて、大明忠は在位一年にして、八一七年の末か翌八一八年初めに亡くなった。

王孝廉の不幸

八一四年に大言義の代に送られ、出雲に到着した遣日本使の王孝廉《おうこうれん》らの一行は九月に方物と啓書を献上し大元瑜の死を伝えた。大言義が冊封を得た翌年の遣日本使であった。使節の構成は大使が王孝廉、副使は高景秀《こうけいしゅう》、判官は高英善《こうえいぜん》と王昇基《おうしょうき》の二人、録事は釈仁貞《しゃくじんてい》と烏賢偲《うけんし》の二人、訳語は李俊雄《りしゅんゆう》であったが、総人数は記録されていない。

十一月には出雲の田租が「蕃客（渤海使の一行）」に提供するために貢上を免除されているのは、一行のうち出雲に留まって上京しない者がいたことを暗示する。

翌八一五年正月には朝賀し、また宴を賜わり女楽《じょがく》が奏せられた。受けた官位は大使が従三位、副使は正四位下、判官は正五位下、録事と訳語は従五位下であり、またそれぞれに禄を受け、五月ごろには日本を離れた。

王孝廉が受けた嵯峨天皇の璽書《じしょ》は、大元瑜の死と大言義の王位継承を慶弔していたばかりではなかった。前回の遣日本使の高南容《こうなんよう》らを渤海へ送ってきた林東人が八一一年に帰国する際に、おそらく中台省の「状」であったであろうが、啓書ではないこの「状」を受けとらずに日本に帰国したから、この「状」の文書の違例をも璽書は責めていた。

さて、王孝廉らは出雲から帰国の船出をしたが、海上で逆風に遭い越前に漂着した。五月末にはその地で大船があてがわれることになったが、不運にも流行していた瘡《そう》に罹って王孝廉、王昇基、釈仁貞らは死亡したのである。

かくて、帰国の容易ならぬなか、生き残りの一行は一年も滞在した翌八一六年五月、副使の高景秀らは夏衣を賜わり、改めて大元瑜の死と大言義の即位を慶弔し、また大使の王孝廉らの死を悼む璽書をうけて帰国した。そのためか、この璽書ではかの「状」の文書形式は責めてはいなかった。

王孝廉の遺詩

王孝廉と釈仁貞は越前の地で病死したが、二人の文学的センスは『文華秀麗集』に残る詩によって今日にも知られる。王孝廉は八一五年正月七日の宴席で、

勅を奉じて内宴に陪《はべ》る詩

海国来朝遠き方自《よ》りし
百年一酔天裳に謁《まみ》ゆ
日宮座外何の見る攸《ところ》ぞ
五色の雲飛び万歳に光る

と渡海と交流の栄誉を唱い、また、釈仁貞は、

七日禁中にして宴に陪《はべ》る詩

貴国に入朝し下客を慙《は》づ
七日恩を承けて上賓と作《な》る
更に見るに鳳声妓態無く
風流変動す一国の春

と唱った。さらに、王孝廉には「春日雨に対し、探りて〝情〟の字を得たり」の一首も残る。

このほかに、『文華秀麗集』には、坂上今継《さかのうえのいまつぐ》と王孝廉の唱和の詩、また滋野貞主《しげののさだぬし》が鴻臚館に宿る王孝廉に手紙を添えて贈った詩、また、王孝廉が帰路に領客使と滋野貞主に、さらには出雲から見送る使者にも、

　出雲州より情を書《しる》し、両箇の勅使に寄す

南風海路帰思を速し
北雁長天旅情を引く
頼《さいわい》に鏘々《そうそう》なる雙鳳《そうほう》の伴ふこと有り
愁ふること莫《なか》れ多日辺亭に住まふを

という詩を贈って、帰国する安堵と期待を唱った。

このほかにも桑原腹赤《くわばらのはらあか》が副使の高景秀の詩に和した詩、また坂上今継が判官の高英善と録事の釈仁貞に寄せた詩が伝わっている。

詩の唱和は両国の外交交渉を円滑に運ぶうえで交情をすすめる働きをする。渤海の使者は唐にもよく出かけたが、唐の詩人との交流の詩はなぜか残っていない。その反面で、新羅の遣唐使や学生と唐の詩人との交際は唐の詩人の詩によく窺われる。

一方、渤海の遣日本使は日本ではよく詩を唱和した。しかし、新羅の遣日本使の詩の唱和の記録は、長屋王の邸での交流の席のほかには多くない。渤海使人との詩の交流、交情は新羅との外

交が途絶する傾向にあった日本の王廷であっただけに、日本の官僚の詩情と文化意識を満たす場面であったであろう。

新羅の渤海観

新羅使の再来

『三国史記』の憲徳《けんとく》王四年（八一二）九月に、新羅《しらぎ》は官位九位の級飡《きゅうさん》を帯びた崇正《すうせい》を渤海に派遣したとある。前回の新羅使は七九〇年三月に慶州を発った官位七位の一吉飡《いちきっさん》を帯びた伯魚《はくぎょ》であったから、そのときからはや二二年を経過している。この間に新羅使が渤海にやってきたとの記録はない。おそらく崇正の一行は二二年ぶりに渤海が迎えた新羅使であろう。

これより先の哀荘王二年（八〇一）には新羅は耽羅国《たんらこく》（済州島）の朝貢を受け、翌年には均貞《きんてい》を仮王子として日本に入質させることにしたが、均貞がこれを辞退したことがあった。同四年（八〇三）には日本と好を結び、翌年には日本の使者を迎えて黄金三〇〇両を受け、また同七年（八〇六）と九年（八〇八）にも日本使を朝元殿に厚礼をもって迎えたと、記録している。この日本の遣新羅使は、八〇四年に遣唐使の捜索を新羅に求めた大伴岑万里《おおとものみねまり》とは数ヵ月の時間差があるが、これに相当しそうな例を除いては日本側に関係する記録はない。しかし、新羅が日本と修好の外交をすすめた背景には、その北に位置する渤海を警戒していたことがある。この対日関係の安定をもとにして、新羅は八一二年に遣渤海使を送ったのである。

さて、前回の新羅使は東京竜原府の王都に迎えたが、今回は上京竜泉府に迎え、使者の官位は前回より二位低い。官位七位や九位は新羅が日本に派遣した使者のそれと大きくは差がないクラスであり、この点では新羅の外交姿勢は、渤海に対して日本と差をつけていなかったといえる。

このころ、渤海では、大元瑜《だいげんゆ》から弟の大言義《だいげんぎ》へと王位が交替するころであるが、新羅使はその前後に渤海の上京に至った。渤海はこの新羅使をどう迎接したか、残念ながらその記録はない。五年後に即位する大仁秀《だいじんしゅう》の「南のかた新羅を定む」という渤海の対新羅策の前兆に新羅が反応した遣使であろうか。この新羅使は渤海王国の王都・上京の都市景観を実見したであろう。

渤海人は黒毛・鉤爪の長人か

渤海は七三〇年代の唐との紛争時に、南から新羅の攻撃を受けたことがあったが、その後、渤海と新羅とは双方に国家レベルの交渉記録は前述の二回の新羅の使節や前述した唐の勅使の韓朝彩の新羅入国のほかは乏しい。むしろ、新羅は西北、東北辺に渤海を警戒する軍事拠点を築いていた。

この新羅の渤海に対する交通の希薄と警戒が、新羅人をして渤海人を恐怖に見る心理傾向を生み、渤海人を人食いの長人として恐れていたと李成市氏は説く。その根拠は八世紀半ばの唐の牛粛《しゅく》が編集した伝奇小説集『紀聞』のなかで「新羅」にまつわる伝奇をまとめた部分にある。それらは今日『太平広記』巻四八一に収められているが、それによると、新羅は東南に日本と隣して、東には長人国に接するという。この長人の背丈は三丈（約九・三メートル）、鋸牙《きょが》のうえに鉤爪《かぎつめ》で、火食せずに禽獣を食い、時に人を食い、衣をまとわず裸で黒毛が身を覆うという異形である。

また、天宝（七四二〜七五六）の初めに冊封使として新羅に出かけることになった魏曜《ぎよう》（七四三年に景徳王を冊封する使者）は年老いてこの使行を躊躇し、新羅に出かけたことのある客人に新羅への航路を尋ねた。すると、客人は永徽中（六五〇〜六五六）の昔話として、唐の使者が使命を終えて新羅を発ち、つぎに日本へ向かったところ風波に遭遇し、数十日間漂流し、ある海岸に着いて上陸すると二丈（約六・二メートル）の長人に捕らわれた。肉付きのよい者五〇余人は煮て食われ、長人が泥酔した隙を見て、使者たちは捕らわれていた婦人三〇人とともに逃げ帰ることができたと、使行を躊躇《ためら》う魏曜に話して聞かせたという。これも『紀聞』を原典とするが、『太平広記』は蛮夷の奇譚として再録する。

この異国漂流譚は舞台が唐から新羅と日本を交通する海路上でのことであるが、異国に漂着して数丈の長人に襲われる奇譚では『太平広記』に引かれた『玉堂閒話《ぎょくどうかんわ》』にも思恭《しきょう》が新羅に使いする海上で漂流し、五、六丈の長人に遭遇する話や、また『酉陽雑俎《ゆうようざつそ》』には唐の大足年間の初め

（七〇一年ごろ）に唐の士人が新羅使に随って海上に出ると漂流し、海老が人身の姿に変わって現れたという「長髯国」の話、さらには『杜陽雑編《とようざつぺん》』にも元和五年（八一〇）に内給事の張惟則《ちょういそく》が新羅に使行して帰国する海上で「洲島」に停泊すると、島の公子から「金亀印」をもらった話、また『嶺表録異《れいひょうろくい》』の「狗国」に見る陵州の刺史《しし》が新羅人の賈客らと漂流し、狗国、毛人国、野《や》叉《しゃ》国、大人国、流虬《りゅうきゅう》国、小人国の六国を巡った話など漂流奇譚の例がある。

　また、漂流ではないが、『国史補』巻下には、元義方《げんぎほう》が八〇五年に新羅に使いして唐に戻る海上で島の泉水を汲んだために竜の怒りを買い、風雨雷電のなかを山東半島の萊州《らいしゅう》に帰着したことがあったとある。

　東海上の異域漂流譚は後にも『高麗史』に見られるが、先の長人国譚もそれら新羅と唐との航海を舞台にした異域漂流譚の類例の一つとしてみるとき、長人国譚をもって新羅人が渤海を恐れ、これを警戒するあまりに渤海人を異形視したとみる説は、史料の深読みの感が残る。新羅が七三五年に浿江鎮《ばいこうちん》を設定して以来の渤海を警備する体制については後述する。

大仁秀の治世

大明忠《だいめいちゅう》の一年足らずの在位のあとには従父《おじ》の大仁秀《だいじんしゅう》が即位した。八一七年末から八一八年初のことである。八一八年三月に李継嘗《りけいしょう》ら二六人の遣唐使が唐朝に告哀している。大言義《だいげんぎ》とまた大明忠の死亡と大仁秀の即位を通知したのであろう。このことがあって同年五月に大仁秀は銀青光禄大夫《ぎんせいこうろくたいふ》検校《けんこう》秘書監《ひしょかん》忽汗州《こつかんしゅう》都督《ととく》渤海国王と冊封された。大元瑜《だいげんゆ》と大言義と同一の文散官と国王号であったが、冊封使が渤海にやって来たかどうか記録を見ない。

王系の転換

さて、大仁秀の四世の祖は大祚栄《だいそえい》の弟の大野勃《だいやぼつ》である。渤海史像を体系化した鳥山喜一は、大仁秀は王族ながら年齢の熟したころであり、また王家の外の世界によく通暁した人であったであろうと、大仁秀の人物を推測している。

大嵩璘《だいすうりん》のあとには大元瑜・大言義・大明忠の兄弟が王位を継承したが、大明忠の一年にも満たないきわめて短期の治世には、大言義の治世時の王子大庭俊《だいていしゅん》がいたが、唐に宿衛していたのか、王位継承には関係せず、大明忠の後には従父の大仁秀が王位についた。鳥山喜一をはじめとして、大仁秀は新王家の基礎を固めた、国家中興の国王として高く評価される。

渤海王家では、大欽茂《だいきんも》の五三年余の長い在位の後の王権の混乱は大嵩璘によって安定に向かい、その子の大元瑜、大言義、大明忠の三兄弟が王位を相続したが、その在位はしだいに短くなり、一歳にして死した大明忠の王権は脆弱であったと思われる。

そこに従父の大仁秀が王権に強く参画し、それまでの正統の王系の王子に変わって王位を継承することになった。大仁秀は即位すると亡くなった大明忠に簡王の諡号《しごう》をおくり、年号を建興と定めた。

王の治績は『新唐書《しんとうじょ》』伝に「頗《すこぶ》るよく海北の諸部を討伐し、大いに境宇《きょうう》（領土）を開き、功あり」と評されている。ここに言う諸部とは靺鞨《まっかつ》諸族の勢力をいう。

これに対応して、『遼史』巻三八・地理志二の東京遼陽府治下の興遼県条には「唐元和中（八〇六〜八二〇）渤海王大仁秀、南に新羅を定め、北には諸部を略し、郡邑を開き置く」とあって、大仁秀の南北への対外積極策は即位の直後からすすめられたと、理解される。

このことは『三国史記』に、新羅では憲徳《けんとく》王十八年（八二六）秋七月に牛岑《ぎゅうしん》太守《たいしゅ》の白永《はくえい》が漢山以北の州郡の民一万人を徴発し、浿江《ばいこう》に三〇〇里の長城を築いたとあるように、新羅が大同江の中・下流地帯に渤海に備えて防衛を強化する策を喚起した。

大仁秀がこの南北の勢力との関係を定立させたことは、やがて盛んな遣日本使の派遣を生むことになる。

大仁秀の対唐外交

大仁秀もよく遣唐使を送った。八二〇年閏正月の遣唐使によって、大仁秀は金紫光禄大夫《きんしこうろくたいふ》（正三品の文散官）検校司空にすすめられた。金紫光禄大夫検校司空は早く大嵩璘が加封されていた。これと並んだのである。遣唐使はこの年の十二月にも、また翌年正月、翌々年正月にも派遣され、麟徳殿で宴待された。

以後、八二四年二月には大聡叡《だいそうえい》ら五〇人が出かけ、宿衛を許された。『旧唐書《くとうじょ》』伝には「宝暦中（八二五～八二七）比歳（毎年）修貢す」とあり、『冊府元亀《さっぷげんき》』巻九七二・外臣部からも連年の朝貢記事がみられる。

また『新唐書』伝には「元和中（八〇六～八二〇）凡《およ》そ十六たび朝献す、長慶（八二一～八二五）四たび、宝暦は凡そ再び」と渤海の朝貢使を集計している。やはりこれらの朝貢は『冊府元亀』にも対応する記事を見ることができる。

大仁秀の対日本外交

大仁秀《だいじんしゅう》は盛んに遣日本使を送り出した。そのおよそ一三年に満たない在位中に五回、二年半に一度の頻度である。その遣日本使の準備と往復の期間を考慮するとき、使節が帰国するや数ヵ月後にはつぎの使節の準備が始まる慌ただしい外交である。この頻繁な遣日本使はやがて孫の大彝震《だいいしん》が送った遣日本使を顕著として一〇五人で編成され、しかもそのなかには六五人が首領であるという体制が固まるが、その前史であることが注目される。

慕感徳の渡海

さて、八一九年八月に日本に派遣された文籍院《ぶんせきいん》述作郎《じゅつさくろう》の李承英《りしょうえい》らは日本に到着すると、十一月に方物《ほうぶつ》と大仁秀の啓書を献上した。大仁秀はこの啓書によって、これより先に日本に派遣した慕感徳《ぼかんとく》らが帰国する海路上で暴風に遭遇し漂着するや、嵯峨《さが》天皇の恩恵で船を与えられ帰国できたことの謝意を述べていた。

ところで、慕感徳の日本派遣の年時や日本における迎接の次第は記録にまったくみない。日本では慕感徳のことを「前使」であると認識していたから、その帰国の際の漂着と船の供与を考えると、慕感徳は遣日本使の大使ではなく、八一五年五月に帰国の海路で逆風に遭い、あげくには病死した大使の王孝廉《おうこうれん》や判官の王昇基《おうしょうき》、録事の釈仁貞《しゃくじんてい》らの一行のなかで、わずかに生存した副使の高景秀《こうけいしゅう》らが一船を得て翌八一六年五月に日本を離れたなかの一人ではなかったかと思われる。

ただ、このとき、高景秀は渤海王へ宛てた嵯峨天皇の璽書《じしょ》をうけていたが、今回の大使の李承英が慕感徳らの帰国時には勅書を与えなかったと日本側から責問されたことを考慮すると、璽書をうけた高景秀は再度の帰国の途中で不幸に遭遇して帰国できなかったのかもしれない。

慕感徳が帰国して、帰国の配慮を感謝する遣日本使の李承英の派遣が八一九年八月と遅れたのは、慕感徳が帰国した八一六年夏から秋は、大言義《だいげんぎ》から大明忠《だいめいちゅう》に王位が継承されるころであり、渤海王廷が多事であったことに原因があろう。大明忠の短命による不安定な王権も、大仁秀の即位によって安定したから、大仁秀が冊封《さくほう》された一年後、その即位では約二年後に李承英を派遣することでかの謝恩は果たされた。

述作郎の李承英

大仁秀は唐の冊封を得て一年を過ぎた八一九年八月に、初の遣日本使として文籍院述作郎の李承英を派遣した。李承英は十一月に方物と啓書を日本の王廷に献上したが、この啓書では前述のように大仁秀は慕感徳らの「書問」によって、彼らが渤海へ帰国する際に、嵯峨天皇から恩恵を蒙ったことを知らされ、これを感謝した。

ところが、李承英は慕感徳が帰国する際に嵯峨天皇は勅書を賜わっていない、啓書は事実に背く内容であると責められたが、啓書の文言は「恭啓を失わ」ない内容であったから、翌年正月には朝賀に至り、宴待と官位と禄を賜わった。

こうして、李承英は翌年正月に嵯峨天皇から大仁秀の徳性と王位の継承を賞し、修好を継続することをすすめる璽書をうけた。やがて、唐の越州から新羅船《しらぎ》に乗船して日本へ来ていた周光《しゅうこう》翰《かん》と言升則《げんしょうそく》らを唐に帰郷させるべく、二人を同道して帰国の途についた。

日本から渤海を経由して唐へ行くルートに乗って、日本の遣唐使やその学問僧に送る書や黄金が唐にとどけられたが、いまや唐の官人でもなく新羅人とともに黄海や東シナ海を回航する商人と思われる人物がこのルートに乗って唐に帰ることになった。

この年四月には唐人の李少貞《りしょうてい》ら二〇人が出羽に漂着したが、彼らは周光翰らの一員であったかもしれない。黄海や東シナ海の商人が日本海にもその商圏を開くひとつの契機である。

王文矩の渡海

八二一年七月、大仁秀は政堂省《せいどう》左允《きいん》の王文矩《おうぶんく》を日本に送った。即位後の二度目の遣日本使である。王文矩は大使として日本に三度も出かけるが、その最初である。

王文矩は十一月に方物と啓書を日本の王廷に献上した。王文矩ら一行の編成は記録に見えないが、啓書を通して前使の李承英らが帰国したことを伝え、また李承英の持ち帰った嵯峨天皇からの璽書と賜物を謝し、「国礼」を修め、「土毛《どもう》」を献上する旨を述べていた。

「土毛」とはその土地の産物の意であるが、この用語には下から上へささげる朝貢品の意味はない。啓書中の「土毛」の表現をめぐっては、七四三年に新羅の遣日本使の書がそれまでの「調」の用語を「土毛」と改めていたから、使者の金序貞らは筑前から放却させられたことがあったが、この大仁秀の啓書の「土毛」の表現をめぐっては日本側から叱責をうけたとのことは記録に見ない。

翌八二二年正月には王文矩らは嵯峨天皇から豊楽殿で二度の宴を受け、打毬《だきゅう》を楽しみ、綿二〇〇屯を賜わった。早春に楽しまれた打毬の躍動は『経国集』巻一一に嵯峨天皇の「早春に打毬を観る」や滋野貞主《しげののさだぬし》の「打毬を観るに和し奉る」の七言の漢詩に「杖を廻らし空に飛ぶは、初月かと疑ひ、奔毬地に転じては流星に似たり」とうたわれている。

王文矩らは帰国に際しては朝集殿で饗宴をうけ、大仁秀の徳を讃え、かつ善隣の通交を奨める嵯峨天皇の璽書と「国信」の品物をうけ日本を離れた。

一二年一度の遣使

八二三年十一月、大使の高貞泰《こうていたい》と副使の璋璿《しょうえい》や録事ら一行一〇一人が加賀に到着した。録事以上は六人であったからおそらく判官は二人、録事も二人であったであろう。

七九五年の遣日本使であった呂定琳《りょていりん》以降では使節の構成人数は記録されていなかったが、今回以降は九〇八年の裴璆《はいきゅう》を除いて一三回の遣日本使では構成の総人数が記録に残る。

一行は雪が深いために平安京からの存問使《ぞんもんし》を迎えることなく、加賀の国守と掾《じょう》の存問を受け、大使から録事以上の六人は、翌年正月には冬衣を賜わった。平安京に一行を迎えるには、近年の不作に苦しむ百姓にさらに負担をかけ疲弊させることを理由として、一行は雪深い加賀に留め置かれた。

四月には渤海の信物と大使と副使の「別貢物」、それに「契丹大狗《きったんのおおいぬ》」二頭、「猧子《わし》（仔犬）」二頭が加賀から平安京に送られたが、副使の璋瑎の貢物はなぜか返却されてしまった。

一行は六月以降に加賀より日本を離れたが、六月二十日には太政官符がくだって、先の七九九年四月に日本を離れた大昌泰《だいしょうたい》には使節の派遣の間隔は「制限無し」としていた方針を、ここでは藤原冬嗣《ふゆつぐ》の意見に従い「一紀」すなわち「一二年に一度」に改めると告げられた。ここに至る大仁秀の三度の使節派遣が「六年一貢」どころか二年ほどでおこなわれたから、迎接する到着地の加賀や平安京に至る沿路、また平安京での応接と送迎の負担が深刻であり、礼節を損なうことを危惧した方針転換であったように、遣日本使の応接には経済負担と国家の体面の問題が深く内包されていた。

八二四年夏、高貞泰は使節の派遣は「一紀」に一度との日本の新方針を受けて渤海に帰国したが、翌年の八二五年秋に渤海を発った政堂省信部少卿の高《こう》承祖《しょうそ》ら一〇三人の遣日本使は十二月に隠岐《おき》に到着した。新方針にはまったく従わない派遣であるが、それにはひとつの隣好の仕掛けがあった。

布瑠高庭《ふるのたかにわ》が領客使に任命されたが、高庭は出雲国介《いずものくにのすけ》を仮称して高承祖を応接した。領客使を称さなかったことは、この一行が前年に通知された「一紀一貢」を履行しないすぐさまの使節であったから、これを使節としては承認しない立場の表明であろうか。

遣日本使は商旅

翌八二六年三月には右大臣の藤原緒嗣《おつぐ》が上言して、高承祖が留唐学問僧の霊仙《れいせん》の書を転送してきたとはいえ、「一紀一貢」を破る使節であり、先の方針はむやみに損なうべきでないこと、また、渤海の使者は「実に是、商旅なり。隣客に足らず、かの商旅を以て客となさば、国を損なうこと未だ治体を見ず」という国家の対面と、また、昨今の儀礼や土木などの国家行事の頻発、さらには日照りと流行病から民には賑恤《しんじゅつ》が欠かせないことなどを列挙して、渤海使の入京にともなう民の負担の加重を理由に、高承祖らの一行は隠岐から帰国させるべき旨を述べた。

しかし、この上言は容れられず、五月には高承祖らは入京し鴻臚館《こうろかん》に入ることができた。高承祖の使命は、五台山にいる霊仙の「表物《ひょうぶつ》（手紙と物品）」とこれを帯同する渤海僧の貞素《ていそ》を日本に送ってきたことであったから、その渤海国王大仁秀の誠心に応えたのであろう。

儀礼のなかで大使の高承祖は正三位、副使の高如岳《こうじょがく》は正四位上、判官の王文信と高孝英《こうこうえい》の二人は正五位上、録事の高成仲《こうせいちゅう》と陳崇彦《ちんすうげん》の二人は従五位上、訳語の李隆郎《りりゅうろう》と李承宗《りしょうそう》の二人は従五位下、そのほか一一人が六位以下の官位を受けた。

この使節の一〇三人は前回の一〇一人より二人多い。この総数は、八四一年の賀福延《がふくえん》を大使とした一〇五人の総計と中台省の牒《ちょう》に明示されているその構成と近似しており、このことから判断すると、一〇三人のなかに六五人ほどの大首領がいたに違いない。

前回の高貞泰の一行一〇一人の使節も構成はほぼ等しく、藤原緒嗣の「渤海客徒は実にこれ商《しょう》旅《りょ》」の判断は使節の過半数を占める大首領が到着地等において「商旅」の交易活動をおこなっていた実態が根拠となったのであろう。

さて、高承祖らは八二六年五月八日に入京したにもかかわらず、官位を受けたほかにはさしたる儀礼を受けたとの記録はないが、十四日には帰国すべく加賀に向かった。淳和《じゅんな》天皇は霊仙のもとに送る黄金一〇〇両を高承祖に預託し、また高承祖に霊仙の「表物」を伝送させた大仁秀に感謝する璽書をも託した。

しかし、璽書の末尾には「其《そ》れ釈貞素の操行《そうこう》欠くる所は、承祖周悉《しゅうしつ》す」と結んだが、霊仙の表物を遠く日本へ届ける労を取った貞素を「操行欠くる所」とはあまりの評価である。故小野勝年氏が理解されたように『日本後紀』の原記録を『類聚国史』が引くにあたって「操行欠くる所無」しとあるべき「無」の一文字を欠落したのであろう。渤海僧の貞素が「操行欠く所無きことは、承祖は周悉す」であったと評されるべきことは、後述する円仁《えんにん》の日記の『入唐《にっとう》求法《ぐほう》巡礼行《じゅんれいこう》記《き》』によって証明される。

王文矩の再渡海

八二七年夏ごろに渤海を出発した政堂省左允の王文矩ら一〇〇余人は同年十二月二十九日に但馬《たじま》に到着した。王文矩は八二一年十一月に日本に一度使行していたから六年ぶりの再度の使行である。その構成は大使・副使・判官・録事・史生・訳語はこれまでの使節にもいたが、ほかに医師・天文生と首領と梢工《しょうこう》（船頭）がいた。総数一〇〇余人から判断して今回の一行にも六五人ほどの大首領がいたであろう。

王文矩は先に高承祖が帰国の際に預かった五台山の霊仙へ転送する黄金一〇〇両の顛末を日本へ通知する大仁秀の啓書を帯同していた。王文矩は、まず、但馬の国博士《くにのはかせ》の林《はやし》遠雄《のとおお》に使命と派遣が「一紀」の一二年に従わぬ違期であることを問われると、唐の淄青節度使《しせいせつどし》の康志睦《こうしぼく》と渤海とが通交したことを通知するために派遣されたとの使命を述べた。

王文矩は渤海事情を報告する誠信が評されてか、違期のことは強くは責められず、破損した船は修理されることとなったが、入京はすすんでいない。

太政官では、王文矩の一行が違期の使節ではあったが、大使と副使には一日当たり二束五把、判官と録事は二把、史生と訳語と医師・天文生は一束五把、首領以下にも一束三把相当の白米を提供した。しかし、その量は通常の半減であった。

また、一行が交易活動のために船積みしてきた物資は、このころでは「遠物《おんもつ》」として争って購入するほどであったから、王臣家や但馬の国司や民が取引することは禁止され、禁を犯した民には杖一〇〇の罰を与えるとされた。

二月には、但馬の国司が大仁秀の啓書と中台省牒の写しを太政官に進上した。四月には、大使から梢工まで絹と綿がそれぞれに与えられたが、日本側の違期の通交を禁止する方針のために交易もすすまず、一行は但馬から帰国せざるをえなかった。

押新羅・渤海両蕃使

八二七年末に渤海が淄青節度使の康志睦と通交したことが日本に通知されたが、八二〇年には平盧《へいろ》節度使が新たに「押新羅《おうしんら》・渤海両蕃使《りょうばんし》」を兼ね、巡官一人を付置していた。康志睦は八二五年に青州刺史《しし》・平盧節度使となっていた。その職務の「押新羅・渤海両蕃使」とは、山東半島一帯から渤海湾や黄海を往来する新羅や渤海の使者や商人を観察し統制することにあった。八三六年には淄青節度使が新羅と渤海からもたらされる熟銅《じゅくどう》の交易は禁断しないことを奏した例がそれである。

早くは七七五年に、高句麗人の家系をひく李正己《りせいき》がこの「平盧淄青節度観察海運押新羅渤海両蕃等使」となり、渤海とは名馬の貿易をおこなっていた。

また、八一六年には、新羅の飢民一七〇人が浙江《せっこう》に食を求めて海外流出をしたが、これ以後も新羅人が流出し海賊に拉致《らち》されて奴婢として唐に売却されることが頻出していた。淄青節度使の康志睦は山東半島にあって「押新羅・渤海両蕃使」としてさまざまに展開する両国の対唐交通を監督していたが、渤海はこの節度使と通交を始めたのである。後述するが、『新唐書』伝に「幽州節度府と相い聘問《へいもん》す」と記録するが、八三四年秋には、渤海は唐の辺州の節度使とも通交したのがその例である。

このころ、渤海湾と黄海には「交関船」と呼ばれた交易船が往来し、山東半島の青山浦には渤海の交関船が停泊していたことを、円仁は『入唐求法巡礼行記』の八三九年八月十三日に記録している。渤海の交易活動は海路で唐に向かうばかりではなかった。八一九年六月に新羅船に乗って大宰府《だざいふ》に往来した周光翰や言升則らのように、渤海経由で帰国する唐人もいたが、こうした海上活動に渤海人が連動する新しい局面はやがて拡大することになる。

藤原緒嗣が、渤海の客徒は「実に是《これ》、商旅なり」と断定したように、九世紀、ことに大仁秀の治世以降に頻繁に派遣される遣日本使のなかで、主力をなす六五人の大首領は日本で交易をおこなったが、唐に向かう交関船を主体的に操縦したのは、首領ではなく、自立した交易商人であろう。対日本交易は、まだ渤海政府に主導されつつおこなわれていたのである。それは渤海では、唐と日本に対する交易の担い手が、社会的あるいは地方的に差があり、またそこには経済発展の地方差があったからであろう。

大彝震の治世

大彝震の即位

大仁秀《だいじんしゅう》の中興の業は嫡子の新徳《しんとく》が早く死去していたから、嫡孫の大彝震《だいいしん》に継承された。大仁秀の在位中に大彝震が王位の継承予定者として副王の地位におかれていたのであろう。かくて、八三〇年後半に大彝震は王位についた。

大彝震は即位するや祖王に宣王の諡号《しごう》をおくり、翌八三一年正月には咸和《かんわ》の年号を立てた。これまでの建元は前王の亡くなった翌月にも立てられる踰月称元《ゆげつしょうげん》の法でおこなわれた。したがって先王の薨去年の残りの月日が新王の年号の元年となっていた。大彝震は一年を二つの年号で分けることを忌避し、新年を迎えて改元したのである。祖王であり、また先王である大仁秀の中興の偉業を畏敬し、無礼を避けたのであろう。この咸和の年号が踰年称元法の始まりである。

渤海の年号ではこの咸和の後の記録は残らない。それは『新唐書《しんとうじょ》』伝の年号記事の出所が、後述するように張建章《ちょうけんしょう》が八三四年に渤海に使いして得た渤海国情報にあったからであって、このときはまさに大彝震の咸和四年であった。

渤海の社会が建国一三〇余年を過ぎ、遣唐使や遣唐留学生、宿衛王子らの帰国によって唐の政治制度、文化に厚く親しみ、大彝震以後では唐や後唐の年号を使用したのではないかと推測されもする。咸和以後に使用した年号の例が、遺物や文書によって発見されることが期待される。

さて、大彝震は八五七年後半に亡くなるが、この咸和の年号は二七年間使用されたことになる。その実例には、八四一年九月に渤海を発った遣日本使の賀福延《がふくえん》がもたらした「咸和十一年閏九月二十五日」付の中台省牒《ちょう》がある。

また、倉敷市の大原美術館には「咸和四年閏五月八日」銘の碑像が展示されている。この咸和もソウル大学校の宋基豪教授は渤海の年号とみなすが、咸和四年（八三四）には閏月の五月はない。碑像は様式美の観点から、東晋の成帝の咸和四年（三二九）と見るべき余地がある。

大彝震の対唐外交

大彝震は八三一年正月に、銀青光禄大夫《ぎんせいこうろくたいふ》検校《けんこう》秘書監《ひしょかん》忽汗州《こつかんしゅう》都督《ととく》渤海国王に冊封《さくほう》された。祖の大仁秀とまったく同格の冊封である。

翌年二月には王子の大明俊《だいめいしゅん》ら六人が、麟徳殿で文宗にまみえ宴待の栄誉を蒙ったが、王子とは大彝震の王子であるよりは大仁秀の新徳につぐ嫡子の王子や庶子の王子であったろうから、大彝震の即位に絡んだ王廷の波動であったかもしれない。

この大彝震への冊封使はこの年十二月に渤海から帰国した内養《ないよう》の王宗禹《おうそうう》であったことが考えられる。王宗禹は帰国して、渤海国に左右の神策軍と左右の三軍、また一二〇の官司が設置されていることを図に描いて報告した。おそらく、王宗禹は八三一年末か八三二年春には冊書をもって渤海に向かったのであろう。

また、渤海の兵力を把握しておくことは、唐が東北の契丹《きったん》等を牽制していくには欠かせない情報となる。このことを王宗禹はしっかりと理解していたのである。

『新唐書』伝には「其《その》武員に左右猛賁《もうほん》、熊衛《ゆうえい》、羆衛《ひえい》、南左右衛、北左右衛あり、おのおの大将軍は一、将軍は一」と簡単に渤海の兵制を整理している。これは張建章の『渤海記』の情報にもとづくが、このほかに左右の神策軍のあったことがわかる。王宗禹の伝えた「左右の三軍」とは猛賁、熊衛、羆衛の三軍のそれぞれ左右の二軍のことであろう。

翌八三三年正月には、渤海が派遣した同中書《どうちゅうしょう》右平章事《へいしょうじ》の高賞英《こうしょうえい》が大彝震への策命を謝したことから推測すると、王宗禹の渤海への使行は大彝震の冊封であったことを確認させる。謝恩使・高賞英には遣唐留学生の解楚卿《かいそけい》・趙孝明《ちょうこうめい》・劉宝俊《りゅうほうしゅん》の三人が随行しており、三人は先輩留学生の李居正《りきょせい》・朱承朝《しゅしょうちょう》・高寿海《こうじゅかい》と交替した。この李居正は後述するが、二八年後に日本に出かけることになる人物である（一八二ページ）。

また翌月にも王子の大光晟《だいこうせい》ら六人が唐に至り、麟徳殿にて文宗にまみえ宴を賜わった。八三七年正月にも王子の大明俊は再び入唐して賀正したが、一行の一九人は麟徳殿で文宗に賀正し宴待され、このとき、留学生の一六人も入唐した。しかし、その数が多すぎたのか、六人のみ長安に至ることが許され、残り一〇人は帰国させられた（『唐会要』巻三六・附学読書）。

そこで、この人数と王子の遣唐使であったことから推測すると、先の八三二年二月の王子の大明俊と、八三三年二月のやはり王子の大光晟に随行した六人とは留学生であったのであろう。

『新唐書』伝には「文宗の世（八二七～八四一）の終わるまで来朝すること十二たび、会昌（八四一～八四七）は凡《およ》そ四たび」と渤海の遣唐使を集計し、『旧唐書《くとうじょ》』伝には「開成（八三六～八四一）後、亦《また》職貢を修《おさむ》ること絶えず」とあって、大彝震の時代はほぼ毎年遣唐使を派遣したことになる。『冊府元亀《さつぷげんき》』外臣部からもこの盛んな遣唐使が麟徳殿や宣政殿にて朝賀し錦綵《きんさい》や銀器を賜ったことが確認できる。

会昌中には王子の大昌輝《だいしょうき》らが唐に派遣され、「渤海王の大彝震に与うる書」を得て帰国したが、その書には「今、王子の大昌輝等が国に廻るに因り、卿に官告及び信物を賜う、至らば宜しく之を領せよ。妃及び副王、長史、平章事等にも各賜物あり、具《つぶさ》には別録の如し」とあって、大彝震が官告を得ているが、それは祖の大仁秀がそうであったように、冊封時の従三品の文散官である銀青光禄大夫から正三品の金紫《きんし》光禄大夫へ昇進させた官告であろうか。

ただ、この書の末尾で呼びかけられた「妃」とは王妃であり、また「副王」とは『新唐書』伝に王の「長子を副王と曰《い》う」とあるように大彝震の長子か、または後述のように弟の大虔晃《だいけんこう》のことであろう。

さらに「長史」とあるのは、かの黒水靺鞨《こくすいまっかつ》に置かれた唐の長史のように、唐から渤海に送り込まれた政治顧問的な存在であるが、渤海に長史が派遣されたとの記録は見ない。勅書の常套語句でなければ、このころ派遣されていたのであろう。

また、「平章事」も『新唐書』伝から渤海に左右の平章事のあったことが確認され、八三三年正月に謝恩使として入唐《にっとう》した高賞英《こうしょうえい》が平章事であった。

王子の派遣では、会昌六年（八四六）正月に大之蕚《だいしがく》が南詔国らの使者とともに宣政殿にて朝賀した後、麟徳殿では武宗にお目通りし、内亭子で食と錦糸や器皿を賜わったことがある。

幽州への通交

張建章の『渤海記』は、張の墓誌とともに渤海と唐の地方との通交のことをも実証する。かの安禄山の乱の混乱時、平盧節度使《へいろせつどし》の留後事の徐帰道《じょきどう》が張元瀾《ちょうげんらん》を渤海に派遣したが（七五六年）、また淄青《しせい》節度使の康志睦《こうしぼく》とも渤海は通交した（八二七年ごろ）ことが記録に残る。

唐の辺州との通交はこの二例ばかりではなかろう。『新唐書』伝に、「竜原の東南は海に瀕し、日本道なり。南海は新羅道なり。鴨緑は朝貢道なり。長嶺は営州道なり。扶余《ふよ》は契丹《きったん》道なり」と、渤海の地方の京や府から外国への交通路について記録するが、営州道は唐の辺州への主要な交通路である。

八三四年秋、これより先に大彝震は司賓卿《しひんきょう》の賀守謙《がしゅけん》を幽州節度使のもとに派遣していたが、その返礼使として二十八歳の張建章《ちょうけんしょう》が幽州から渤海の上京に派遣されてきた。大彝震は張建章らを歓待し、翌年には幽州に帰る張に名馬、宝器、文革（装飾した皮革品）などを贈った。

八三五年後半、幽州に戻った張建章は渤海滞在中の見聞を『渤海記』三巻にまとめた。それは「風俗、宮殿、官品を備え尽くした」内容であったという。

さて、張建章の仕えた幽州節度使は「押渓《おうけい》・契丹両蕃《きったんりょうばん》」、すなわち唐と対立関係にあった回鶻《かいこつ》（ウイグル）を睨みつつ、これに与《くみ》する奚《けい》と契丹を牽制するためには、「常に勁《つよい》兵を屯せしめ、契丹を扞《ふせ》」いでいた渤海とは連携関係がうまれる国際環境にあった。ここに大彝震が賀守謙を、また幽州節度使がこれに応えて張建章を派遣したのであり、幽州節度使は契丹に隣接する渤海の兵制とその規模を知っておく必要があった。

『新唐書』伝には「幽州節度府と相い聘問《へいもん》す」とあるように、渤海は大彝震のころ唐の長安や洛陽ばかりでなく、辺地の州とも交通していた。それは政治・軍事・外交面の要請ばかりでなく、名馬の輸出に代表されるように、緊張が緩和すれば交易という経済的要請がもたらすものでもあった。

円仁と遭遇した渤海王子

大彝震が毎年のごとく派遣する遣唐使、また唐に通う渤海の商人のことは、当時山東半島を五台山に向かっていた円仁《えんにん》が日記に認めている。八三九年八月十三日、渤海の交関船（交易船）が山東半島の先端に近い文登県管内の青山浦の港に停泊しているという情報を円仁は日記に留めている。この年は唐の開成四年であり、『旧唐書』伝には渤海が「開成（八三六〜八四〇）後、また職貢を修むること絶えず」とあって、『冊府元亀』外臣部等からも渤海の遣唐使を毎年のごとくに拾いだすことができる。八三八年二月の朝貢使、また翌八三九年十二月には王子の大延広《だいえんこう》が朝貢している。交関船の航行はこうした朝貢の遣唐使と無縁ではなかろう。

この年十月には新羅船に乗船して日本の遣唐使の山代氏益《やましろのうじます》が博多津に帰ってきているが、渤海湾から黄海、東シナ海、玄海灘にかけて、渤海や新羅、唐の貿易船が回航し、青山浦や後述する遼東半島の都里鎮《とりちん》の浦、さらには新羅の唐恩浦や博多津がそれらの寄港地となって、国際的な交易を展開していた。中継の登州には渤海館と新羅館が設けられ、遣唐使の一行や商人らが便宜を受けていた。円仁はこの国際交易圏にのって八四七年九月に博多に着岸して帰国することになる。

さて、文登県赤山村の法華院は、大和（八二七〜八三六）ごろから新羅国王に代わって西海の制海権を掌握していた張保皐《ちょうほこう》が寄進した寺院であったが、八三九年八月十五日、円仁はここで開かれていた新羅が高句麗に勝利した戦勝記念の節会《せちえ》を見物した。この地の新羅人たちが渤海を高句麗の復活と見つつ、この節会を継続していると日記に記している。

八四〇年三月二十日、円仁は青州北海県の観法寺を発って青州に向かったが、西に進むこと二〇里（約一一㌔）の地点で、長安から帰国すべく登州へ向けて東行していた渤海の王子一行に出会った。この王子は小野勝年氏の注記するように、『冊府元亀』外臣部に見える八三九年十二月に朝貢した大延広が、賀正の儀礼が文宗の「不康」のためにおこなわれなかったために帰国する途上の一行であったのであろう。

王子の大延広らは、円仁と離合して数日後には登州に到着した。また円仁も二十一日には青州の竜興寺に投宿したが、二十八日に登州から留後官の王李武《おうりぶ》が円仁の宿に来たって、渤海王子が登州に到着し、勅使の到着を待って渤海に船出せんばかりであることが知らされた。

小野勝年氏は大延広が待つ勅使とは、八四〇年正月辛巳（四日）に崩御した文宗のことを渤海に告げる「告哀使《こくあいし》のたぐい」であろうと推測されている。この勅使の渤海行はほかに記録を得ないが、国家間の往来は正史の記録に残らぬものもあった一例である。

一〇五人の遣日本使

賀福延の使命

大彝震《だいいしん》の在位は八三〇年後半から八五七年後半までの二七年間である。これは大欽茂《だいきんも》の半分ではあるが、王国の一五人の王のなかでは二番目に長い。だが、日本に使者を派遣した回数はわずか二度である。前王の大仁秀《だいじんしゅう》の頻度とは対照的である。だが、前代の五回の遣日本使も派遣間隔の遵守《じゅんしゅ》の件が問題化して、入京したのはわずかに二回であり、その間、交易が十分にすすんだとは思えない。

そこで、大彝震は即位の一一年目の八四一年秋に、政堂省左允《せいどうしょうさいん》の賀福延《がふくえん》ら一〇五人を日本に派遣した。前回の遣日本使が八二七年十二月二十九日に但馬に到着した王文矩《おうぶんく》の二度目の渡海であったから、これより数えると一四年ぶりである。王文矩が「一紀（一二年）」の遣使を告げられていたから、この間隔に大きくは背かない。

さて、賀福延ら一〇五人は十二月に長門に到着した。使節は小野恒柯《おののつねえだ》と八三九年十月に新羅船に乗って唐から帰国した山代氏益《やましろのうじます》の二人の存問使《ぞんもんし》から応接を受け、翌年二月には入京が許された。そこで存問使は平安京へ案内する領客使を兼ね、三月六日には賀福延がもたらした大彝震の啓書と別状や中台省牒《ちょう》の写しが日本王廷に知らされた。

同月二十七日、賀福延らは入京し、郊労使の慰労をうけ鴻臚《こうろ》館に落ち着いたが、遣日本使の入京は王文矩の初回の日本行の時に入京して以来二〇年ぶりとなる。

三月二十八日には、賀福延は鴻臚館に蕃良豊持《はらのとよもち》を迎え中台省牒を呈上したが、翌日には、この啓書と別状が礼の書式に違うために常礼では迎接しないところ、「年紀」を守った遠来の使節であることから迎接する旨の仁明《にんめい》天皇の勅が伝えられた。

かくて、四月一日、一行は時服を賜わり、また、二日には八省院において啓書を函に納め、これを信物とともに献上した。

この啓書の内容についてはこれより早く存問兼領客使によって、その写しが知られていたが、それは「渤海国王大彝震啓す」の書き出しで始まり、前使の王文矩が帰国に際して告げられた一紀（一二年）の遣日本使ならば入勤が許されるとの日本の方針を尊重しながらも、間隔の延びたことを恐れ、賀福延らを派遣する旨が述べられていた。

別状

賀福延は、啓書のほかに外交の具体的な課題を認めた別状をもたらした。この別状は、前々回の遣日本使の高承祖《こうしょうそ》らが八二六年に帰国して、五台山の留唐学問僧の霊仙《りょうせん》のもとに届けるよう日本から託された黄金一〇〇両の顚末を告げていた。それによれば、大彝震は朝賀の遣唐使にこの黄金を託して霊仙に届けさせたが、その遣唐使の帰国を待って黄金送付の成否を尋ねようにも、その後の遣唐使の報告によると、この遣唐使は、帰路の遼東半島の塗（都）里浦に至って暴風に遭遇し沈没してしまい、また霊仙はすでに遷化《せんげ》（死去）していたから黄金は届けることができず、使節とともに海に沈んだとのことであった。

この顚末は、前回の王文矩が日本に報告するところであったが、王文矩は「一紀」より早い遣使のために迎接されず、顚末を伝えた啓書はそのまま渤海に持ち帰ったから、今回あらためて黄金喪失のことを告げていた。賀福延の使命はこのことの報告にもあった。

さて、四月五日には豊楽殿で仁明《にんめい》天皇の饗宴を賜わり、大使の賀福延は正三位、副使の王宝《おうほう》璋《しょう》は正四位下、判官の高文喧《こうぶんけん》と烏孝慎《うこうしん》の二人は正五位下、録事の高文宣《こうぶんせん》・高平信《こうへいしん》・安歓喜《あんかんき》の三人は従五位下を、また訳語から首領までの一三人も位階を受けた。

後述するこのときの中台省牒に記された歴名によれば、遣日本使一行の一〇五人のなかには六五人の大首領がいた。また訳語は李憲寿《りけんじゅ》と高応順《こうおうじゅん》の二人、史生が王禄昇《おうろくしょう》・李朝青《りちょうせい》の二人、天文生が晋昇堂《ふしょうどう》であったから、かの一三人のなかの八人が大首領であったことになる。六五人の大首領のなかの八人が豊楽殿の賜宴と叙位に幸運にも選ばれて与《あずか》ったのではなく、六五人の大首領にも渤海の政治社会で階層差があったことの反映であろう。この八人が「大首領」の実態であって、残る五七人はいわば小「首領」であろう。

さて、四月七日、賀福延は私的な方物を献上し、九日には朝集堂にて饗宴を受け、十二日には鴻臚館に勅使を迎え大彝震に宛てた璽書《じしょ》を託された。

璽書は、「一紀」を守った遣使を労《いたわ》り、また黄金の顚末を伝えた別状の内容は前年に帰国した日本の遣唐使の報告と合致しており、黄金を転送した労に感謝していた。

かくて、賀福延らは「一紀」の遣使であった誠心を誉めながらも、啓函の修飾が旧例に依《よ》らないことを窘《たしな》める中台省に宛てた太政官の牒を受け、藤原粟作《ふじわらのあわつくり》と大中臣清世《おおなかとみのすがよ》の二人の領客使に案内され鴻臚館を出て帰国の路についた。

中台省牒の写し

賀福延は大彝震の啓書と別状のほかに太政官に宛てた中台省牒を持参していた。その牒文は『続日本後紀《しょくにほんこうき》』に、遣日本使の構成員の歴名を除いて地の文が採録されている。また幸いにも牒の写しが宮内庁書陵部に所蔵される『壬生家文書《みぶけもんじょ》』の「古往来消息雑々」に「渤海国中台省牒」として伝来しており、歴名の安歓喜が安寛喜とある一字のみの違いである。

料紙は、縦二九センチ、横四八・八センチであるが、その様子は『図書寮典籍解題』歴史編（一九五〇年）や『図説日本文化史大系』四（小学館、一九五八年）、近年では『古文書の語る日本史』二（橋本義彦編、筑摩書房、一九九一年十月）所収の「渤海との交渉」（田島公氏執筆）や、酒寄雅志「渤海国中台省牒の基礎的研究」（『日本古代の政治と制度』続群書類従完成会、一九八五年十一月）によって知ることができる。

遣日本使が中台省牒を持参した初例は、七五九年十月十八日に対馬に漂着した高南申の使行時であったが、このときから渤海の王啓と牒とは使節の到着地において写し取られ、その案文が平安京に進上されることになった。

賀福延の後にも、中台省牒は八四八年の王文矩の三度目の使行、八五九年の烏孝慎、八六一年の李居正《りきょせい》、八七一年十二月の楊成規《ようせいき》、八七六年十二月の楊中遠《ようちゅうえん》らの使行にも持参されたが、それらの一行は一〇五人の使節であったから、この牒の写しによって使節の構成と牒の形式はおおむね把握できる（後半のみ書き下し文。田島公氏の前掲書を参照）。

渤海国中台省　　牒上　　日本国太政官
応差入勤　貴国使政堂省左允賀福延幷行従壱佰五人
一人使頭　　政堂省左允賀福延
一人嗣使　　王宝璋
二人判官　　高文暄　烏孝慎

三人録事　高文宣　高平信　安寛喜
二人訳語　李憲寿　高応順
二人史生　王禄昇　李朝清
一人天文生　晋昇堂
六十五人大首領
二十八人梢工
牒す。処分を奉つるに日域は東のかた遙にして、遼陽は西のかた阻《へだ》たる。両邦は相去ること万里に余り有り、溟漲《めいちょう》（みなみの海）は天に滔《みなぎ》り、風雲は測り難しと雖《いえど》も、扶光は地より出で、程途（みち）も亦《また》標《あらわ》れ易きこと或《あ》り。所以《ゆえ》に旧意を展親し、拝勤して須らく申すべし。航海する毎に以って風を占い、長く時を候《ま》ちて而して入勤す。年紀は限ると雖ども、星軺《せいよう》（くるま）は尚お通じて、書を賫《もたら》し使を遣し、爰《ここ》に今に至る。宜しく旧章に遵《したが》い、欽《つつし》んで勤礼を修むべし。謹んで政堂省左允の賀福延を差《つかわ》し、貴国に覲《まみ》えしむ。ていえれば、状に准じ、日本国太政官に牒上す、ていえり。謹んで録し牒上す。謹んで牒す。
咸和十一年閏九月二十五日牒
呉秩大夫政堂春部卿上中郎将上柱将聞理県擬開国男賀守
謙中台親公大内相兼殿中令豊県開国公大虔晃

渤海僧貞素の追憶

黄金一〇〇両を霊仙のもとに届けようとしたのは渤海僧の貞素《ていそ》であった。

貞素は八二五年十二月に大使の高承祖らとともに日本に渡海し霊仙の書を届けたが、帰国して遣唐使に随って唐に戻り、五台山にいるはずの霊仙のもとに至った。

さて、円仁は八四〇年七月に五台山を下って七仏教誡院に至ると、ここに遷化した霊仙を悼んで貞素が記した太和二年（八二八）四月十四日付の詩と序が掲げられており、この文を『入唐求《にっとうぐ》法巡礼行記《ほうじゅんれいこうき》』に書き写した。日記から二人の師弟の交わりが読み取れる。

その序は五台山と日本との間を師と仰ぐ霊仙を慕って往来し、師のもとに戻るわずか前に師は亡くなっており、その死を悲しむ貞素の心情が滲み出ているが、黄金一〇〇両の顚末を貞素はつぎのように綴っている。今、小野勝年氏の訓読を借りれば、つぎのようにある。

> 長慶五年（八二五）、日本の大王（淳和天皇に相当）は遠く百金を賜わり、達して長安に至らしむ。小子（貞素）は金と書とを転領し、送って鉄懃《てっきん》（西台の一寺院）に至りぬ。仙大師は金を領しおわり、一万粒の舎利《しゃり》・新経両部・造勅五通などをもって、嘱して小子に付し、日本に至りて、国恩に答え謝せんことを請いぬ。小子すなわちゆるす。一諾の言、あに万里の重波をはばからんや。遂に無外の縁をばあつめ、遠大を期するをえたり。廻るの日にのぞみて、また百金を付したまいぬ。太和二年（八二八）四月七日をもって、かえりて霊境寺に到りて、仙大師を求訪せしに、みまかりしより日久しと。我の血に泣き、我の痛みに崩る。

さて、かの「百金」（黄金）の顚末は『類聚国史』と『続日本後紀』に依拠して前述したが、今、右の貞素の詩序を読めば三つの史料を整合的に理解するにはやや困難な点がある。

まず、同時代の記録といえる貞素の序を尊重したいが、これを一読すると貞素は日本から送られた百金を二度も霊仙のもとへ届けたように理解される。しかし、貞素の往復は、記録によれば、八二五年十二月に高承祖ら一〇三人の使節の一員として日本に到着したが、この使節が霊仙の「表物」を帯同しており、八二六年五月十四日に渤海に帰国する際に黄金一〇〇両が付託された、この一度だけある。

この黄金一〇〇両は時間の順では貞素の序に言う長慶五年（八二五）の百金に相当しようが、この黄金は前述のように日本の史書の記録では、五台山の霊仙に届けようとしたが、すでに霊仙は遷化《せんげ》しており、渤海の遣唐使の帰国路に塗里浦の港で船とともに沈没してしまったことが、八四一年十二月に長門に到着した賀福延らによって日本に伝えられた。

また、霊仙が百金の返礼として貞素に託した「一万粒の舎利」等のことは日本史料にいう霊仙の「表物」の一つと見れば記録と符合しそうであるが、しかし、このときに淳和《じゅんな》天皇は黄金一〇〇両を貞素へ届けるように高承祖に託したから、それは序にいう太和二年（八二八）ではなく、八二六年のことであって、時系列が乱れてしまう。

貞素が序に記した二度にわたる百金の転送は、日本史料に言う黄金一〇〇両とは転送の回数と時間の点で十分に符合しない。貞素が百金の転送を二度あったかのように不正確に記したのでなければ、日本史料がもう一度の黄金の付託を採録せず、また年を誤ったかも知れない。八二八年四月二十九日に遣日本使の王文矩が到着地の但馬から帰国するに際して、再び霊仙に黄金を届けるように付託されたとは考えられない。

ともかく、黄金は貞素の誠意によって無事に霊仙に届けられようとしたが、八二八年四月七日に五台山に戻ってみると、時わずかに遅く霊仙は遷化していた。

では、黄金一〇〇両はどうなったのか、その行方は疑問である。かの賀福延の別状は、石井正敏氏が疑問をいだくように外交術が隠された文脈である。

黄金の謎

黄金は八二六年五月以降に渤海に帰国する高承祖に託されたが、別状では大仁秀がこの黄金を遣唐賀正使に託し霊仙に届けようとしたという。『冊府元亀』外臣部・褒異には太和元年（八二七）四月に文宗が麟徳殿に渤海の使者一一人を賜宴したことが記録されている。この遣唐使が黄金を託されていたのかもしれず、この一行に貞素がいたのであろうか。黄金が無事に霊仙に届けられたかどうかを尋ねようにも、この使節は待てども渤海に帰国せず、後の遣唐使によって黄金は塗里浦の港で沈没し、しかも霊仙はすでに五台山で遷化していたことを帰朝報告したと、賀福延の別状は知らせていた。

別状は、黄金の顚末を王文矩の日本使行で通知しようとしたが、王文矩らは入京できなかったから、今回の賀福延に別状を持たせたと述べていた。八二八年四月二十九日には王らは日本にいた。王文矩の使命は「大唐淄青《しせい》節度《せつど》康志睦《こうしぼく》の交通の事」を日本に通知することであると述べたが、この別状では、このほかに黄金の顚末を伝える啓書を日本に届けることであったという。

しかし、王文矩の但馬到着は八二八年正月十七日に報告されているから、この時点でも、また渤海を発った八二七年の冬ごろでも、別状の前半の文脈では黄金は霊仙に届けられていないはずである。それは貞素の序によれば八二八年四月七日のことであるはずである。この日には王文矩はまだ但馬にいて黄金の顚末を知ろうはずもない。別状の文脈は足立喜六氏（足立訳注・塩入良道補注『入唐求法巡礼行記』二、平凡社、一九八五年）が述懐するように「渤海使の弁言は仮托を雑《まじ》ゆるものなり」ということに相当し、大彝震の別状に虚述があれば、はたして黄金一〇〇両が塗里浦の海に沈んだかも疑問とさえなる。

さて、大彝震の啓書と別状は、黄金の顚末を報告して隣好の「誠志」を述べるが、それはまた、後述する遣日本使が六五人の大首領をかかえた一〇五人の通交体制を軌道に乗せるべく造作した渤海政府の外交術が秘められていたのであろう。

思い起こせば、渤海が日本と唐との間で人物や情報を中継し、これをことさらに早い中継であると宣揚して誠意を伝えようとした姿勢の例は、七三九年春に日本の遣唐使の平群《へぐりの》広成《ひろなり》を日本に送ったことにも現れていた。対日本関係を円滑に進展させようとする外交は、一方の対新羅関係が疎遠化していった反作用でもある。

そもそも別状は、貞素の序より一三年後に、大彝震が祖の大仁秀の対日本外交を回顧する文脈のなかで黄金の顛末を記しているが、疑えばはたして別状の言うように黄金がはたして沈没したかどうか、その行方は謎である。

王文矩の三度目の渡海

八四八年九月（季秋）に渤海を出発した王文矩ら一〇〇人の使節は、航海の難に遭いながらも十二月には能登に到着した。大彝震の二回目の遣日本使の派遣であった。出発の当初では一行は一〇五人の編成であったであろう。

到着のことは十二月三十日に平安京に知らされ、翌年二月には犬養貞守《いぬかいのさだもり》と山口西成《やまぐちのにしなり》の二人の存問使が能登にやってきて、王文矩のもたらした大彝震の啓書と中台省牒を写し取り（案）、これを太政官に送った。

啓書では前使の賀福延の以後、「一紀（一二年）」を満たさぬ（六年ぶりの）遣使であるが、隣好の情が疎くなることを恐れて永寧県丞《えいねいけんじょう》の王文矩を派遣した旨を述べていた。

王文矩は初回の八二一年と二回目の八二七年の渡海では政堂省左允《せいどうしょうさいん》の官にあったが、それから二一年後の今回では永寧県丞とある。この県丞は政堂省左允のように職事官なのではなく、王文矩の帯びた爵位の一部であろう。前使の賀福延は政堂省左允であったが、その中台省牒には「政堂春部卿」の賀守謙《がしゅけん》が「呉秩大夫《ごちったいふ》・上中郎将・上柱将・聞理県擬《ぶんりけんぎ》・開国男《かいこくだん》」などと文散官や勲官と爵位が列記されるなかに県名を挟んでいた。王文矩も文散官や勲官や爵位等が王啓などに記されていたであろうから、そのなかの「永寧県丞」が記録に残ったのである。後の八六一年の李居正には「呉秩大夫政堂省春部上中郎将均谷柱県開国男」、また八七一年の楊成規は「政堂省左允正四品《しょうよんぴん》慰《い》軍《ぐん》上《じょう》鎮《ちん》将軍《しょうぐん》賜《し》紫《し》金魚袋《きんぎょたい》」と文散階や爵位等が記録に残っている。

ただ、この前後の遣日本使の大使には政堂省左允が任命されたが、今回の王文矩は前回に使行した八二七年以後では八四一年の大使の賀福延が政堂省左允であったから、王文矩はすでに政堂省左允ではあるまい。

さて、存問使の犬養貞守らは王文矩に一二年の間隔を置かぬ遣使であることを詰問した問答を太政官に報告したところ、三月には存問使が領客使を兼ねることとなり、四月二十八日には王文矩らは案内されて入京し、鴻臚館に落ち着くことができた。一二年に満たない遣使ながらも王文矩は三度目の渡海であって、日本の王廷に旧知であることが功を奏したのであろう。

王文矩らは時服を得、五月二日には八省院において王啓と信物を献上し、翌日、豊楽殿にて仁明天皇から宴を賜わった。また、大使の王文矩は従二位、副使の烏孝慎《うこうしん》は従四位上、大判官の馬《ば》福山《ふくさん》と少判官の高応順は正五位下を、大録事の高文信《こうぶんしん》と中録事の多安寿《たあんじゅ》、少録事の李英貞《りえいてい》は従五位下を、そのほか訳語・史生・天文生や首領も官位を受けた。

この授位では、王文矩は初回の使行の八二一年のおりには正三位を受けたらしく、今回は官位が上がった。副使の烏孝慎も二度目の渡海であったが、前回の八四一年には大使の賀幅延の判官として正五位下を受けていたが、今回は副使でもあり二位上がって従四位上である。また高応順もやはり前回には訳語として来日したが、今回は少判官であって、正五位下を受けた。

一行は五月五日には武徳殿で宴を受けた。ここには、藤原衛《まもる》が文辞を善くすることから応接係に選ばれ、天皇から賜わったばかりの長命縷《ちょうめいる》を佩《はい》して参席していた。長命縷は、天皇が宴席において「薬玉《くすだま》を佩《おび》て酒を飲む人は命長く福在りとなも」と詔したことにみごとに符合したから、王文矩らの参席者は、藤原衛の儀範を褒め称えた。

なお、これらの儀礼の過程で、王文矩は仁明天皇と諸親王の所作を望見し、第三皇子が後には天皇に即位する（光孝天皇）であろうと予見したという。

かくて儀礼を終えると、王文矩は、使節の派遣は「一紀を限りと為す」ことを再確認する仁明天皇の璽書《じしょ》と太政官牒を得て、五月十二日に帰国の途についた。

ところで、八五三年三月に七十八歳で亡くなる越中権守の紀椿守《きのつばきもり》は隷書に優れていた。渤海国王への答書には能筆が求められたが、椿守は二度も選ばれてその腕前を発揮したというから、今回の王文矩と前回の賀福延に託した大彝震宛ての仁明天皇の璽書は椿守の能筆によるのであろう。詩文と能筆と姿態の優雅さが外交の盛行にかかわるほどに両国の外交関係が熟してきたのである。

大仁秀が八二三年に送った三回目の遣日本使の高貞泰のころから遣日本使は一〇〇人を超えた編成になっていた。また、遣日本使の一行には、日本行の経験のある者が主要な職責を努める傾向が現れている。

遣日本使の人選

その顕著な事例は、王文矩が八二一年、八二七年、八四八年の三回にわたって遣日本使の大使に選任され、烏孝慎が八四一年には判官、八四八年には副使、そしてつづく八五八年には大使として使行した例のほかにも、八四一年の訳語の高応順は八四八年には少判官としての二度の使行であった。

このほかでは、遣日本使の構成員の姓名が大使のほかは記録に多くはないが、訳語・録事・判官には李氏・高氏が任ぜられる例がしばしば見える。対日本外交が「一紀」の派遣期間の懸案を除いては安定してきており、また前例の遵守が外交の遂行では不可欠な、いわば保守的な外交関係にすすんでいた。渤海ではこうした安定した対日本関係のもとで、一〇五人体制の使節を派遣し、交易を継続することが求められた。

他方、渤海湾や黄海などでは、渤海王権の統制から離れて、むしろ淄青節度使に統制された渤海商人・新羅商人の交易が進行しており、その一方では渤海王権が主導する日本海を渡海する対日本交易の比重が高まることになるが、こうしたことが遣日本使一〇五人の編成と派遣の背景にあろう。

副王の即位

大彝震《だいいしん》のおよそ二八年の在位のあと、弟の大虔晃《だいけんこう》が即位した。八五七年後半のことである。大虔晃は兄王に諡号《しごう》をささげ、また年号を立てたのか、その記録はない。おそらく二つの礼はおこなったであろう。

大虔晃の治績

翌年二月二十日、大虔晃は銀青光禄大夫検校秘書監忽汗州都督渤海国王《ぎんせいこうろくたいふけんこうひしょかんこつかんしゅうとことく》に冊封《さくほう》された。銀青光禄大夫は従三品の文散官、秘書監も秘書省の従三品であり、兄の大彝震や祖父《そふ》の大仁秀《だいじんしゅう》のはじめの冊封と同じであった。

さて、大虔晃は冊封の記録が残る渤海国王の最後であり、冊封使を上京に迎えたであろうが、それが誰であったか記録にない。しかし、従来のように冊封使は宦官《かんがん》であったであろう。

大虔晃は先の八四一年九月の中台省牒には「中台親公大内相《だいないしょう》兼殿中令豊県開国公大虔晃」と

あった。「中台親公」とは中台省の長官の尊称であろう。尊称が付くのは大虔晃が時の国王・大彝震の弟であったこと、さらには「副王」であったからであろう。また、「大内相」が政堂省の長官であることは『新唐書』伝の官制記事に見える。「殿中令」とは殿中寺の長官である。

このように三省の長官を兼ねた大虔晃は、「会昌（八四一〜八四七年）」のころに渤海国王の大彝震に与えた武宗の書に「妃及副王長史平《へいしょうじ》章事等」と呼びかけられた国王・大彝震の「副王」に相当すると見られる。

大虔晃はこの副王の位から王位を継承したが、大虔晃は国王・大彝震の「長子」としての副王ではなく、王弟としての副王であったから、『渤海記』を著した張建章《ちょうけんしょう》が上京に至った八三四年のころには、『渤海記』に記したであろうように「長子を副王という」のとおりに大彝震の「長子」が「副王」であったのであろう。その後、八四一年の時点では王弟の大虔晃が三省の長官を兼ね王権を支える「副王」の位にいた。この間に、八三三年の大光晟《だいこうせい》、八三七年の大明俊《だいめいしゅん》、八三九年の大延広《だいえんこう》、会昌のころの大昌輝《だいしょうき》、つづいて八四六年の大之蕚《だいしがく》ら大虔晃が即位するまでにも王子が唐に入朝しており、また大昌輝は帰国もしている。こうした王子の連続的な入朝は、王弟の大虔晃が「副王」となることと関連する王廷内の波紋の現象かもしれない。

さて、大虔晃の治世は一四年ばかりであったが、唐との交渉記録は少ない。交渉はいっそう頻繁にすすんだはずだが、唐末の社会混乱などで唐側の記録が消失したのであろう。『新唐書』伝に「咸通（八六〇〜八七四）の時、三たび朝献す」とある記録によれば、その頻度は大彝震の治世ほどではない。

大虔晃以降の大玄錫《だいげんしゃく》や大瑋瑎《だいいかい》、大諲譔《だいいんせん》の治世年間の対唐外交は記録がさらに乏しくなる。黄巣の乱（八七五〜八八四）を契機とした唐の朝廷の混乱は継続し、王朝の実録が残らず、唐の対外関係の記録が伝わらなくなってくる。

渤海は、日本とは一〇五人の遣日本使を「一紀」にとらわれずに派遣していたことからみても、遣唐使の派遣を断絶していたのではなかろうが、あるいは唐の地方の混乱が渤海の遣唐使の行路を塞ぎ、また王朝の吸引力が減退して派遣を躊躇していたのかもしれない。

大虔晃の対日本外交

大虔晃は即位の翌年、八五八年（孟冬）十月に政堂省左允の烏孝慎《うこうしん》を大使とする遣日本使を送った。前使の王文矩《おうぶんく》の帰国からほぼ一〇年をおいての派遣である。烏孝慎は大彝震の治世の八四一年には判官として、また八四八年には副使として日本に派遣されたから、今回は三度目の日本行である。地位はトントンと上昇して今回は大使である。

一行一〇四人が能登の珠洲《すず》郡に到着したことが八五九年正月に平安京に報告されると、日本王廷は対応を急いだ。まず、広宗安人《ひろむねやすひと》と安倍清行《あべきよゆき》の二人が領渤海国客使に任命され、二月に一行は加賀に移された。また、広宗安人が領渤海国客使を辞退したから苅田安雄《かりたやすお》がこれに代わり、また春日宅成《かすがのやかなり》が渤海通事に任命された。

三月には安倍清行と苅田安雄の二人は存問《ぞんもん》兼領渤海客使を名乗り加賀に向かった。また、副使の周元伯《しゅうげんぱく》は文章が優雅であるという評判から、王廷は文章に優れた越前権少掾《ごんのしょうじょう》の島田忠臣《ただおみ》を一時的に加賀権掾に任じ、周元伯と詩文を唱和させることにした。詩文の唱和は王朝の文化の優雅をはかる重要な指標となっており、また勅がないままに渤海使と詩文を交換することは罪を受けるのではないかと恐れたほどに、詩文の交換は国家の体面にかかわる外交の道具であった。

さて、五月十日に安倍清行と加賀国司は、一行から受けた大虔晃の啓書と中台省牒、それに信物、さらには烏孝慎の別貢の物を都に進上した。

啓書は「虔晃、幸いに先緒を承け一邦を撫守す」と王位の継承を述べ、遣日本使を派遣すべき「紀の盈年《えいねん》」が近づいてきたから、善隣の意を伝えることが使命である旨を述べていた。

八五八年二月に大虔晃は渤海国王に冊封され、この年の十月に烏孝慎らの使節が編成されたから、大虔晃の対日本外交はやはり唐の冊封のもとで隣好として始められている。

六月二十三日には、清和《せいわ》天皇の勅書と太政官の牒を賜わったが、それには、八五八年八月に文徳《もんとく》天皇が昇遐《しょうか》し喪中であること、また日本国内に災難が頻発したことをいい、入京と賓待《ひんたい》が十分できないことを述べていた。

また、中台省に宛てた太政官の牒では、喪中と災難のために使節を入京させず加賀に留めること、また文徳天皇《もんとく》への弔意の使者を派遣するには及ばず、「一紀」の期間が盈《み》つるのを待って隣好を通わすべき旨が述べられていた。

かくて、烏孝慎は別貢の返礼として東絁《あずまのあしぎぬ》五〇疋《ぴき》と綿四〇〇屯を賜わり、七月六日に加賀から渤海に向けて帰国の海路についた。烏孝慎は日本に三度も渡海し、最初は判官として入京できたが、あとの二度は着岸地の能登や加賀に留め置かれた末に帰国しなければならなかった。

長慶宣明暦

半年あまりも加賀に留め置かれていた間、烏孝慎は「長慶宣明暦経」を「これ大唐の新たに用ふる経なり」と紹介し、献上した。この暦は日本では烏孝慎の帰国後の八六一年六月から使用されることになる。

宣明暦は、唐では長慶二年（八二二）に頒示され施行された徐昂《じょぼう》の撰になる、当時では最新の暦である。烏孝慎が日本へ伝えた八五九年までおよそ三八年が過ぎている。八二二年からここまでは渤海の大仁秀と大彝震の治世である。この時代、盛んに遣唐使が出かけたが、この新暦がいつ渤海に入ったか定かな記録はない。この三八年の間に渤海の遣日本使は六度派遣されたが、新暦が唐、渤海、日本へ伝播するにはやや時間が経過した感がある。渤海において宣明暦を実用したうえで日本に紹介したのであろう。唐の政治情報のほかに唐の技術を日本に伝えた渤海の隣好の具体例である。

烏孝慎の三度の渡海

今回の大使の烏孝慎は三度目の日本行であった。しかも、連続して派遣された。前使の王文矩も三度使行し、そのいずれもが大使としてであったが、連続の使行ではなかった。しかし、烏孝慎の使行は、八四一年の大使の賀福延のもとでは判官として、ついで八四八年の王文矩のもとでは副使として、そして今回は大使であった。

烏孝慎は八四一年の派遣ではもう一人の判官の高文暄《こうぶんけん》とともに正五位下の官位を日本から受けた。二度目の八四八年では副使であったから授位は一つ上がって従四位上である。そして、今回は政堂省左允の職にあって大使として派遣された。その授官は記録に残っていないが、順当にいけばこれまでの大使が正三位や従三位を受けていた例からすれば、三度めの、また大使としての使行や新暦の献上が労されて、従四位上から上がって従三位や正三位を受けたであろうが、なにせ入京されなかったから授官はなかった。

この政堂省左允が大使として日本へ派遣された初例は、八二一年の王文矩の使行である。ついで八二五年の高承祖《こうしょうそ》が政堂省の右六司の一つの信部の少卿の任から派遣された。それは政堂省左允より一段低い。この時の政堂省左允は八二二年春に使行を終えていた王文矩である。

また、八二七年には王文矩が再び政堂省左允の任から派遣された。さらに八四一年の賀福延も政堂省左允であったが、八四八年に三度目の渡海となった王文矩は永寧県丞とのみ記録に残っているが、職事官はすでに政堂省左允の上であったであろう。

こうした政堂省左允の大使が受けた正三位を筆頭として首領の八人以上の使節一行が受けた日本の官位は、渤海の政治社会でははたして機能したであろうか。遣唐使の一行もこのころ盛んに唐の官告を得ていたことを考えると興味深いことである。

烏孝慎は帰国して、加賀に留め置かれて入京できなかったこと、また文徳天皇の薨去のことを復命すると、大虔晃は翌年に李居正《りきょせい》ら一〇五人を日本に派遣した。一行は隠岐《おき》島を経て島根郡に到着したことが、八六一年正月二十日には平安京に伝えられたから、上京を出発したのは今来の遣日本使のように「秋冷（九月）」か「孟冬（十月）」のことであろう。

李居正の派遣

日本側は存問《ぞんもん》兼領渤海客使に藤原春景《はるかげ》と葛井善宗《ふじいのよしむね》を任じ、春日宅成が前回につづいて渤海通事に任ぜられた。また藤原春景と葛井善宗の二人は遣日本使との応接の間は但馬権介《たじまのごんのすけ》と因幡権掾《いなばのごんのじょう》を仮称することとなった。

五月には、藤原春景と出雲国司は命ぜられて、遣日本使の対応をつぎのように執りおこなうこととなった。すなわち、前使の烏孝慎に託した太政官牒では、崩御の文徳天皇を弔慰する使者は派遣には及ばぬと伝えたにもかかわらず、李居正は「弔来」してきたばかりでなく、啓書には違例が多いが、李居正は公卿の位にあり、また年齢は「懸車（七十歳）」を過ぎても「才綺交新（才は綺《うつ》しく、新しきに交《か》う）から」、平安京に迎えて慰労すべきであるが、出雲から京への案内には、日照りに悩む沿路の民の負担を考慮して、入京は停止された。

李居正のもたらした王の啓書や信物は受けとられず、中台省牒のみ受け取られて、一行は出雲の絹一四五疋、綿一二二五疋を賜わり、また李居正は別に絁《あしぎぬ》一〇疋と綿四〇疋を受け、また太政官が中台省にあてた牒をもって帰国の海路についた。

さて、「才綺交新」と評された李居正は、これより先の八三三年正月に、大彝震の冊封を謝恩する使節の高賞英とともに学士の三人が入唐し、この三人と交替して学業の成就した留学生三人が高賞英の帰国に同行して渤海に帰ったことがあったが、そのひとりであった。李居正は渤海に帰国して二八年後に日本に派遣されたのであった。

李居正は八六〇年には七十歳を越えていたというから、唐留学を終えたのは四十二歳ごろになる。「才綺交新」にもかかわらず、「炎旱」と「農時」にかかる民の負担を理由に李居正の入京は認められず、才能を披露する舞台は着岸の出雲にはなかった。李居正は唐と日本での使節を迎接する手法と意識の差を実感したであろう。

李居正らは、「先皇の制」や啓書の体裁に違うことも理由にされたが、その実は一〇五人の使節が、六五人の無位の首領を中心とした「商旅」の交易をひとつの目的とした渡海であったからであろう。日本側には政経一体の遣日本使の外交に現実的に対応する方向は定立していなかったのである。

「商」の時代

大玄錫の治世

大玄錫の即位

大玄錫《だいげんしやく》は大虔晃《だいけんこう》が亡くなるとその王位を継いで、八七一年前半には即位した。金毓黻《きんいくふつ》は、大玄錫は大虔晃の孫であると説くが、はっきりとした根拠はない。『日本三代実録』巻二一の貞観《じょうがん》十三年（八七一）には、遣日本使の楊成規《ようせいき》に託した大玄錫の啓書が掲げられている。そこに「玄錫、先祖の遺烈を継ぎ、旧典の余風を修む」と述べているが、「先祖の遺烈を継ぎ」とは大玄錫の王位継承は述べても、前王の大虔晃が玄錫の祖であったことにはならない。

さて、大玄錫はおよそ二四年間在位する。大欽茂《だいきんも》と大彝震《だいいしん》につづいて長い治世である。その間の遣唐使の記録は見ない。それは記録が伝わらないからであって、その実は遣唐使は盛んに送られたと見なければならない。

『新唐書《しんとうじょ》』伝には「咸通《かんつう》（八六〇〜八七四）の時、三たび朝献す」とあり、わずかにこの期間に大玄錫の在位がかかる。『日本三代実録』巻三一の元慶《がんぎょう》元年（八七七）には、大玄錫が日本に送った啓書のなかで、渤海は徐州の乱の平定を祝賀する使節を唐に派遣したが、その一員であった検校《けんこう》官の門孫宰《もんそんさい》が漂流し、肥後の天草に漂着した事件が記録されている。この徐州の乱は、龐勛《ほうくん》の乱（八六八〜八七七年）と見られるが、この祝賀使は唐の記録に漏れ落ちた渤海の遣唐使の例である。大玄錫の治世も前代に劣らず対唐関係を重視し使節は派遣したであろうが、唐の王朝統治はすでに麻痺しつつあった。

政経一体の遣日本使

大玄錫は在位中に五回の遣日本使を送った。五年に一度の頻度となる。八七六年の楊中遠が「一紀（十二年間）一貢」の派遣の年期を廃止することを要請したほどであった。「一紀」の年期に背いても入京を許された使節は三回であった。

大玄錫の治績の第一は、一〇五人からなる遣日本使を「一紀」に拘束されず五回派遣した対日本通交の盛行であるといっても過言ではない。

大玄錫は八七一年前半に即位すると、その年の「季秋（九月）」に政堂《せいどう》省左允《しょうさいん》正四品慰軍《いぐん》上鎮《じょうちん》将軍賜紫金魚袋《ししきんぎょたい》の楊成規を大使、右猛賁衛《うもうほんえい》少将正五品賜紫金魚袋の李興晟《りこうせい》を副使とする一〇五人の使節を日本に派遣し、一行は十二月十一日に加賀に着岸した。

遣日本使が平安京に入ったのは八四八年の王文矩《おうぶんく》の使行時であり、その後の二度の使節は果たせなかった。前使の李居正《りきよせい》の使行からは一一年を過ぎていたから、大玄錫は即位して間もなく遣日本使を送ったことになる。

翌年正月には菅原道真《すがわらのみちざね》と美努清名《みののきよな》が存問《ぞんもん》渤海客使に、また、かの春日宅成《かすがのやかなり》が通事に任命された。三度目の通事としての勤めである。菅原道真は母の「憂」にあたることから任をはなれ、春日安守《やすもり》が交替した。存問使は領客使をも兼ね、入京の準備がすすめられた。

しかし、平安京では流感で死亡するものが多く、人々は渤海客が「異土の毒気」をもたらしたためであると噂しあったから、三月には神社や仏閣に金剛般若経《こんごうはんにゃきょう》を転読させ不安を鎮めようとした。石清水社など七つの神社にささげた告文には「去年、陰陽寮《おんみようりよう》の占いに蕃客が来れば不祥事が生まれるであろう、とのことであったが、今、渤海客は一紀を過ぎた使節であるから召すべきである。大菩薩はこの状を聞こしめして遠客の参近するとも神護の故に事なく矜《つつ》しみ賜うべし」とあった。

四月十三日には、春日安守らが大玄錫の啓書と中台省の牒を収めた函を開封し、その違例を詰問する問答状と安守らの加賀までの消息を認めた記録が報告された。

平安京では楊成規らを迎えるべく都言道《みやこのこきみち》と平季長《たいらのすえなが》が掌渤海客使に、また多治守善《たじひのもりよし》と菅野惟肖《すがののこれすえ》が領帰郷渤海客使に任ぜられていた。

遣日本使の賓待

平安京では、二三年ぶりに迎える遣日本使の賓待の準備がすすめられた。五月七日には掌渤海客使の都言道は佳名でないから、渤海使に紹介されるに芳しくないとの理由で「良香《よしか》」と雅名に改めることを求めて許されている。詩の交換ばかりでなく、姓名の優雅さも外交の進行に係わってくるほどに、日本側は遣日本使への対応に「文化」の要素を重んじる面が強まっていた。それはまた、渤海も文化を日本との外交の柱としていたことを暗示する。

五月十五日、楊成規や副使の李興晟ら二〇人の使節は山城の山科村で迎労使の出迎えを受け、入京して鴻臚《こうろ》館に落ち着いた。二〇人の構成は八四一年の中台省牒の歴名から判断すると、大使、副使、二人の判官、三人の録事は確実におり、おそらく二人の訳語と史生、それに一人の天文生もいたであろうから、残りの八人は首領となる。

ここで、先祖を高句麗人とする狛人氏守《こまひとのうじもり》はその長身と容儀が優れていたことから臨時に玄蕃寮の官とされ、鴻臚館に出かけて宴待と送迎の任に当たることになった。このため狛人氏守は姓を直道《なおみち》と改姓することを許されている。都良香のように姓名の優雅さに加えて身体の豊かさも外交の進行に欠かせない要素となっていた。

十七日、楊成規ら二〇人は在原業平《ありわらのなりひら》を鴻臚館に迎え、労問を受けた。十八日には楊成規らのもたらした大玄錫の啓書と中台省牒、信物の内容が明らかとなったが、啓書は前述のように王位の継承を伝え、善隣の姿勢から聘勤の遣使であることを述べていた。中台省牒にも「一紀已《すで》に盈《み》つ」と一二年ぶりの聘勤の派遣であることをいい、信物は大虫《だいちゅう》皮七張、豹皮六張、熊皮七張、蜜五斛であった。

二〇人は五月十九日に鴻臚館に大江音人《おおえのおとひと》を迎え、官位を記した告身（辞令書）をうけた。それは、大使の楊成規は政堂省左允の官であったが、正三位ではなく従三位を、副使の李興晟は正四位上や従四位上ではなく従四位下であり、また判官の李周慶《りしゅうけい》と賀王真《がおうしん》は正五位下、録事の高福成《こうふくせい》と高観《こうかん》、李孝信《りこうしん》の三人は従五位上、さらに八人の首領も官位を受けた。この官位に従って天文生以上にも朝服が与えられたが、首領には朝服が与えられなかった。

さて、楊成規らは、渤海人の入国は不祥の兆しとする前年の陰陽寮の占いによって、鴻臚館に留めおかれ、引見の儀はなく帰国させられた。古代の日本は「東夷の小帝国」と規定されることもあるが、それは律令官僚の国際意識の面においてであって、賓客の応接や礼儀、徳治の面では「帝国」の姿を彷彿《ほうふつ》とさせる場面は多くはない。

翌二十日、一行は内蔵寮と交易をおこない、翌日には平安京の官人とも交易することが許された、二十二日には京市の商人との交易も許された。この日、一行は官銭四〇万を与えられ、物品を買い入れた。遣日本使の平安京での交易は政府から官人へ、また商人へと移ってすすめられたが、一〇五人の一行がもたらした渤海の物産は、入京した二〇人のほかにも領客使や沿路の民の労役で京に運び込まれたであろう。

交易が終わって、二十三日には、楊成規は文章博士《もんじようはかせ》の巨勢文雄《こせのふみお》と文章得業生《とくごうせい》の藤原佐世《すけよ》を鴻臚館に迎え饗宴を受けた。清和天皇からは朝殿に招かぬ詫びの詔を二人から伝え聞き、宴は深まり皆美酒に酔った。

翌二十四日には、楊成規は天皇と皇太子に貂裘《ちょうきゅう》、麝香《じゃこう》、暗模靴《あんもぐつ》などの別貢物を掌客使を介して貢献し、この日にも東宮学士の橘広相《たちばなのひろみ》らの来訪を受けて曲宴を受け、また御衣を受け、主客はまたともに酔い、副使の李興晟は詩を賦し、一行の二〇人はそれぞれに一本の画扇を受けた。

二十五日には、楊成規は藤原家宗《いえむね》、和気彝範《わけのつねのり》らを鴻臚館に迎えた。楊成規らは再拝して舞踏しかつ膝をついて前に進み、北面しては跪《ひざまず》いて、二人から菅原道真の撰になる勅書と牒を入れた函を受けた。

ところで、これまで遣日本使が日本の天皇の璽書を受けた記録は多いが、その礼儀の場面を記録したものはこれのみであり、渤海の対日本交渉を考えるとき、この楊成規がおこなった礼儀は特筆すべきである。

この日、楊成規ら二〇人は領帰郷客使の多治守善らに導かれ鴻臚館を発った。楊成規は再び跪いて惜別の挨拶をなし、掌客使の都良香は鴻臚館の南門をへだてて楊成規と別離の杯を挙げた。

渤海人の海商

八七三年三月、二艘に六〇人が乗った不明船が薩摩の甑島《こしきじま》郡に漂着した。一団を統率する崔宗佐《さいそうさ》と大陳潤《だいちんじゅん》は筆談して渤海国人であること、渤海国王の命を受けて唐の徐州の乱の平定を祝賀する使節として唐に派遣されたが、海路漂流したことを伝えた。ところが、薩摩の国司の調べでは二人は公験《くげん》(旅行許可証)を持たず、年紀の記載も誤っており、そのため、このころ新羅の海賊船が頻りに出没していたから、新羅人が渤海人を詐称して辺境を探るものと疑われた。そこで二艘は大宰府に曳航されることになったが、一艘は途中で逃亡した。

この経緯から五月二十七日、日本政府はこの船が日本に従順な渤海人であれば慰労して粮食を提供し、もし日本に「禍心」を抱く新羅人であれば拘束し、警戒するよう諸国に命じた。

この不明船はしばらく尾を引く。大宰府は渤海人のなかの崔宗佐と門孫宰《もんそんさい》らが肥後の天草郡に漂着したことから、七月に大唐通事の張建忠を派遣して質したところ、彼らは去る三月に薩摩に漂着し、大宰府に曳航される途中に逃亡した渤海の入唐使の一員であることが判明した。さらに大宰府は宗佐らの日記と蠟封した函と文書、弓剣を中央政府に進上した。宗佐らの申状を調べてみると、彼らはまさしく渤海人であり、また表を納めた函と牒の文書とその印と官名等をこれまで遣日本使がもたらしたものと対照してみるとまったく符合したから、宗佐らはやはり渤海国の遣唐使であったことが確認された。

かくて、崔宗佐と門孫宰らは身体の安全はもちろん、衣粮を提供され、また表函と文書も印封され携帯品も欠けるところなく返還された。そのうえ、船二艘は修理されて帰国を許されたが、薩摩から大宰府の間に逃亡した行為は咎められた。

ところが、博多津から帰国したはずの宗佐ら五六人は、翌八七四年六月に石見《いわみ》に漂着した。ここでも資粮を供給され、あらためて渤海へ帰国したと『日本三代実録』は記録する。前年七月に崔宗佐らは疑いが晴れて帰国することになったが、大宰府から石見まで海路ではそれほど日数を要しないであろうから、宗佐らは大宰府に一年近く滞留していたのであろうか。あるいは、いったんは帰国したが、渤海から交易のために渡海して石見に漂着したのであろうか。五六人とは、かの遣日本使の一〇五人のなかの六五人が交易を目的として編成された首領の数に近い。

また、『日本三代実録』には「宗佐等五十六人」が石見へ漂着したとあるが、後述の八七六年に遣日本使の楊中遠《ようちゅうえん》がもたらした大玄錫の啓書では一行の門孫宰らの漂着の際の日本の厚遇を謝していたから、石見に漂着した宗佐は門孫宰の一行のなかにいた「崔宗佐」とは別人なのかもしれない。

政堂省孔目官の楊中遠

大玄錫は二度目の遣日本使を八七六年季秋（九月）に送り出した。中台省が発信した牒の日付は九月十三日である。政堂省孔目官《こうもくかん》の楊中遠を大使とする一行一〇五人は十二月二十六日に出雲に着岸した。使命が前使の楊成規や門孫宰らが受けた恩賜への謝恩であることは翌年正月十六日に日本政府に報告されたが、一行はしばらく嶋根郡に留め置かれた。

政堂省の孔目官は『新唐書』伝の官制記録には挙がっていない。政堂省の属官としては左允や信部少卿が日本へ派遣されたが、孔目官とは政堂省のどのような官であったか不明である。ただ、唐では中書省の集賢殿に孔目官一人が置かれていたが、その職掌から推測するに、渤海の孔目官も文書や図書の取り調べを担当する官かと思われる。後世の例では、一〇三一年に高麗に投降した渤海人の「孔目の王光禄《おうこうろく》」はその名残であろう。

さて、翌二月には存問使に春日安名《かすがのやすな》と占部月雄《うらべのつきお》が任ぜられ、三月には二人が領客使を兼ねたから、この時では日本政府は一行を入京させる方針であったのであろう。また通事にはかの春日宅成が当てられた。宅成の渤海通事はこれで四度目である。

四月十八日には、存問兼領客使によって楊中遠のもたらした大玄錫の啓書と中台省牒の写しが日本政府にささげられた。

啓書と牒は、ともに八七一年に派遣した前使の楊成規が受けた清和《せいわ》天皇の璽書《じしょ》と信物に感謝するほか、前述した八七三年の入唐使の「相般検校官《そうはんけんこうかん》」門孫宰らが漂着して、天皇の恩により無事に帰国できたことを感謝し、また日本からの遣渤海使を求めていた。

ところが、六月二十五日には、楊中遠ら一行は入京せずに出雲から帰国させられたばかりか、啓書と信物は返却されてしまった。太政官では、前使の楊成規の帰国から四年を経た使節であったが、それは遣日本使の派遣を「一紀一貢」とする「先皇の制」に違い、このことが返却の理由とされた。このときの信物には、入唐の経験のある春日宅成が唐にもこれほどの珍宝はみたことがないと感嘆したように「奇恠《きかい》」な「玳瑁《たいまい》の酒盃」が含まれていた。

かくて、楊中遠は着岸地の出雲に留まること六ヵ月、入京せずに帰国した。遣唐使であればまず経験しない着岸地での処遇である。

交易の進行

裴頲の遣使

八八二年、おそらく季秋（九月）に渤海を発った文籍院《ぶんせきいん》少監正四位賜紫金魚袋《ししきんぎょたい》の裴頲《はいてい》を大使とする遣日本使の一行一〇五人は、十一月十四日加賀に着岸した。使節は加賀の便処に安置され厚遇を受けることになったが、加賀の官民が遣日本使と交易することは禁止となったから、一行はただ入京を待った。

前使の楊中遠《ようちゅうえん》は前々回の楊成規《ようせいき》の帰国から四年を置いた使者であったが、今回は楊中遠の帰国からは五年の間隔であった。翌年正月には存問《ぞんもん》渤海客使に大蔵善行《おおくらのよしゆき》と高階茂範《たかしなのしげのり》が任ぜられ、のちに二人は領客使を兼ねることになったから、やはり渤海使の入京が予定されたのであろう。ついで、通事には春日宅成《かすがのやかなり》ではなく、新しく伊勢興房《いせのおきふさ》が任ぜられた。

入京路にあたる山城、近江、越前、加賀等では官舎や道橋の修理がおこなわれ、路傍の死骸を埋葬させた。渤海使に醜悪を見せぬためである。また、越前・能登・越中からは酒と宍《しし》、魚、鳥、蒜《ひる》などが加賀に届けられ渤海使の饗宴に供された。

平安京では渤海使を賓待する準備がすすめられていた。二月二十一日には林邑楽《りんゆうがく》の楽人一〇七人が大安寺に集まり、一行に観楽させるための演奏を予行していた。異国の音楽を宮廷で演奏し、これを渤海使人に鑑賞させることは「帝国」の風貌を渤海人に感得させる効果をもつ装置である。やがて、三月八日には存問兼領渤海客使の大蔵善行らが渤海使の待機する加賀に向かった。平安京では紀長谷雄《きのはせお》が掌渤海客使に、清原常岑《つねみね》が領帰郷渤海客使に任ぜられ、また官人らが渤海使が在京する間にも禁物を身に帯びることが許され、文章博士の菅原道真と嶋田忠臣が裴頲の応接役として玄蕃頭の任務をおこなうことになった。

渤海使は四月二十八日には山城の宇治郡山階に到着し郊労の礼を受け、領客使の大蔵善行に案内され鴻臚館《こうろかん》に落ち着いた。

五月二日、裴頲らは朝堂に登り、大玄錫《だいげんしゃく》の啓書と信物を進上した。翌日には豊楽殿において陽成《ようぜい》天皇から宴を賜った。大使以下二〇人は承歓堂に登ってこれに与《あずか》り授位された。八七二年にも入京したのは楊成規ら二〇人、八四二年の賀福延《がふくえん》らもやはり入京は二〇人であったが、そのなかの八人が首領であったから、この裴頲らの入京時にも首領八人が含まれていたであろう。

さて、裴頲は従三位を、副使の正五品賜緋銀魚袋《しひぎんぎょたい》の高周封《こうしゅうふう》は正四位下を、判官、録事は五位を、またおそらく訳語は六位を、そのほか天文生や首領も官位を受け、また、朝服も与えられたが、八七二年の楊成規一行の例のように首領は朝服には与からなかったであろう。

遣日本使の礼

裴頲ら二〇人の渤海使は官位や朝服を受けると「拝舞」して、いったんは承歓堂から退き、賜わった朝服に着替えて「拝舞」しつつ再び承歓堂に登り食事に就いた。この礼は、天皇の朝臣として再現したことを表わしている。

雅楽寮が鼓や鐘を並べ、女楽《じょがく》が奏されて一四八人の妓女が舞った。酒は数杯に及んで、裴頲らに「枇杷子《びわ》（びわの実）一銀鋺」が賜われると、座を起《た》ってこれを拝受した。

一日おいた五日にも裴頲らは陽成天皇の招きを賜わり、武徳殿に騎射と貢馬の技を観覧した。この日、裴頲から録事までのおそらく七人は続命縷を、その他の訳語や天文生、首領らの一三人は菖蒲縵を受けた。騎射の礼は雨模様のなか決行されたから、裴頲らは途中から雨に濡れることとなった。こうして一連の儀礼は裴頲らが天皇の朝臣であることを核心として進行していた。

七日には裴頲が私的な方物を献上すると、鴻臚館に部下を率いてやってきた内蔵頭の和気彜範《わけのつねのり》と一行は交関（交易）をおこなった。翌日にも内蔵寮と交関がおこなわれた。

交易が終了すると、十日には朝集堂において、裴頲らは饗宴に与ったが、裴頲らは藤原良積《よしづみ》に案内され西堂座に就いた。東堂座に就いた大臣とは対面する座である。この席には容儀の麗しい五位以上の者三〇人が選ばれて堂の上座に侍《はべ》っていた。

そのなかの藤原良積は顔形の佳《よ》いことから急に供応役を勤めることになったのだが、慌ただしかったせいか、饗宴がすすんで裴頲が離別の心情を詩に詠もうと筆と硯《すずり》を求めたところ、藤原良積は顔形は佳くとも詩文に自信がなく座を退いてしまったから、裴頲は詩を詠むことを諦めざるをえなかった。

こうして、裴頲は陽成天皇から御衣一襲《ひとかさね》を賜わり、また才の高さと風儀のあるところを誉められ、盛んな儀礼は終了し、一日おいて十二日には、裴頲ら二〇人は勅書と太政官の牒を受け、領客使に導かれて鴻臚館を発って帰国の途についた。

ところで、十四日には、三日の豊楽殿での宴に演舞した楽人と舞妓には大蔵省から商布が与えられた。これは八四二年の賀福延らの饗宴の例に依《よ》っていたが、ともに儀礼は盛行し、また交易も十分にすすんだからであって、その楽人、舞妓を労《ねぎら》ったのである。

やがて、裴頲らは能登の福良泊に進んで出航した。その後十月二十九日には、福良泊の近隣の山林をむやみに伐採することが禁ぜられたが、それは遣日本使の帰国船を造船し、また修理することに充てる大木を保護する策であった。

王亀謀の派遣

八九一年のやはり季秋であろうが、渤海を発った文籍院少監の王亀謀《おうきぼう》を大使とした遣日本使の一行一〇五人がおそらく十二月であろうが、出雲に着岸した報が翌年正月八日に平安京に届いた。前使の裴頲らの帰国からおよそ八年半を過ぎていた。

一行はやがて存問使の藤原菅根《すがね》と仏経をよく筆写する小野良弼《よしすけ》の二人の応接をうけると、「一紀」を満たす派遣の時期ではないがその時まで待ちきれずに派遣した旨の中台省牒を提出した。

王亀謀は出雲に留め置かれたまま、六月二十四日に藤原敏行が筆記した勅書と、また二十九日に藤原敏行と小野美材《よしき》が筆記した二通の太政官牒とを受け取り、造船と粮《かて》をあてがわれた。八月七日には存問使が王亀謀らの帰郷の報告をおこなっているから、その間に王亀謀ら一行は出雲を離れて帰国したのであろう。

『本朝文粋《ほんちょうもんずい》』に収められた紀長谷雄の文になる「渤海国中台省に贈る牒」にはやはり「一紀」を満たさぬ遣使は「国の典故」に背き、これを賓待しないとする日本の方針が告げられており、次回の遣使はこの年から起算して「一紀」を守るべきことが明記されていた。

裴頲の再渡海

八九四年十二月二十九日、大玄錫が派遣した五回目の遣日本使の裴頲ら一〇五人が伯耆《ほうき》に到着した。前使の王亀謀が「好《よし》み」を通わすには、その帰国時から起算して「一紀」を経た遣使であるべきとの太政官牒を受けていたにもかかわらず、大玄錫は王亀謀の帰国から二年余を経たばかりであるが、再び裴頲を大使とする遣日本使を送り出したのである。

前使の王亀謀らは入京が許されず、出雲から放却されたから、交易が十分にはすすまなかったのであろう。今回の遣使は前々回、裴頲がはじめて使行して帰国したときから起算すれば一一年あまり後ではある。日本に評価の高い裴頲を再度派遣することで、日本側が設定する外交の障害を乗り越えようとしたのであろうか。

翌年正月には三統理平《みむねのまさひら》と中原岳《なかはらのたけ》の二人が存問使に任ぜられ、五月七日には裴頲らは入京して鴻臚館に落ち着いた。十一日には宇多《うだ》天皇から豊楽殿において饗宴と官位をうけ、十四日にも朝集堂で饗宴を受けた。十五日には菅原道真を鴻臚館に迎えて酒饌《しゅせん》の接待を受け、十六日には早くも鴻臚館を発ち帰国の途に就いた。

この間、儀礼の記録は『日本紀略』に要点のみ記されて十分ではない。また交易が進行したとの記録もない。しかし、裴頲の初回の使行における平安京での儀礼と鴻臚館の交易の進行から考えて、今回も儀礼と鴻臚館における大蔵省などとの交易は進行したであろう。

渤海では遣日本使の人選等に配慮して日本との外交を完成させ、そのもとで交易を成立させることが必須であった。それは交易の主体をなす六五人の首領、なかでも入京した八人の大首領らの対外交易の欲求を国家の主導のもとにおいて満たすことが、統治手段のひとつとなっていた。このころ、新羅では国家がすでに対外交易を進めたり統制する能力を失い、張保皐《ちょうほこう》や王蓬規《おうほうき》に代表される国家から半ば自由な海上商人が交易を担っていたこととは対照的である。

王国の解体

王国の無力

確かな記録はないが、大玄錫《だいげんしゃく》は八九五年の前半には亡くなったようである。大瑋瑎《だいいかい》が後を継いで即位したが、先王との血縁関係も不明である。

大瑋瑎の在位

同年十月には昭宗の勅書が翰林院で準備されたことが、『唐会要』巻五七・翰林院に記録されている。この記録から第十四代の国王に大瑋瑎が即位したことを金毓黻がはじめて明らかにしたのである。また『五代会要』巻三〇・渤海には「梁の開平元年（九〇七）五月、其王大諲譔《だいいんせん》、王子の大昭順《だいしょうじゅん》を遣わし来たり方物を貢がしむ」とあるから、この大瑋瑎はおそらく九〇六年末か九〇七年初めには亡くなったらしい。その在位はおよそ一二年間である。

大瑋瑎の王代はまさに渤海の王権が動揺していた。王は遣日本使を一度も送りださなかった。六五人の首領を編成して、日本との交易をすすめることがストップした。前使の裴頲《はいてい》が帰国した八九五年夏から「一紀」の間隔を守ろうとすれば、九〇六、七年ごろが派遣には適時となるが、派遣しなかった。九〇七年秋ごろにつぎの末王となる大諲譔によってちょうど一二年目の年に遣日本使は送られることになる。

一方で、大瑋瑎は遣唐使を派遣していた。即位の翌々年の八九七年七月には、賀正使《がしょうし》の王子の大封裔《だいほうえい》が、朝廷の儀礼の席で新羅《しらぎ》の使者と席次の上下を争った。いわゆる争長である。儀礼の席では、大封裔は新羅使よりも下位の座が準備されていた。そこで大封裔は渤海が新羅に比べれば国勢が「強盛」であることを文書で訴え、新羅使と席次を交替するように通事舎人《つうじしゃじん》ら儀礼担当官に求めた。大封裔の主張は、国家の「強弱」と「盛衰」とを新羅に比較して、渤海が新羅より上席であるべし、としていた。しかし、唐が「旧貫」に従うことを守ったから、大封裔の要求は叶えられなかった。

この争長の結果、新羅の真聖王《しんせいおう》は崔致遠《さいちおん》の撰になる「北国（渤海）の上に居るを許さざるを謝する表」を唐の朝廷に奉り、争長の処理を感謝した。この表では、渤海の建国時に王の大祚栄《だいそえい》が新羅の第五位の大阿飡《だいあさん》の官位を受けたことがあり、渤海王は新羅王の外臣であると主張された。これは渤海が新羅を意識しつつ対唐外交を推進するうえでは、マイナスになる歴史の回顧である。はたして、建国時までの二〇〇年を振り返って、大祚栄が新羅の官位を受けていたかどうか、ほかにこのことを検証すべき史料はない。

渤海はこの頃また唐において新羅と名分を争った。渤海の宰相・烏炤度《うしょうたく》は入唐《にっとう》するや、科挙の及第者発表を目の当たりにした。そこにはわが子の烏光賛《うこうさん》が新羅の崔彦撝《さいげんぎ》の下に掲示されていたのである。烏炤度はかつて自らが合格した際には新羅の李同《りどう》の上に掲示されたことを係官にい、わが子を崔彦撝の上に掲げることを求めた。無理難題というほかはないが、ここには渤海の官僚には新羅に対抗して名分を争う心情が強かったことが伝えられている。

にもかかわらず、新羅の崔彦撝は才と学が優贍《ゆうせん》であったから、烏炤度の願いは叶えられなかった。

末王・大諲譔の苦難

大瑋瑎は九〇六年末か九〇七年初めに亡くなり、末王となる大諲譔が即位した。このころ、唐は朱全忠《しゅぜんちゅう》らの勢力に押され、九〇七年四月に哀帝は王位を去って、翌年二月には十七歳の若さで殺害され、唐の帝室は滅んだ。この唐の大変動は渤海の王廷に影響を与えないではいなかったであろう。

大諲譔は唐の滅亡と後梁の台頭のことを知るや、九〇七年五月に後梁に王子の大昭順を派遣して方物を献上させた。翌九〇八年正月にも殿中寺少令の崔礼光《さいれいこう》らを後梁に朝貢させ、崔礼光らは爵位と金帛を賜わっている。

九〇九年三月にも宰相の大誠諤《だいせいがく》を後梁に派遣し、少女と貂鼠《ちょうそ》の皮、熊の皮などを貢上した。これは、後梁の動静を探り、自国の安全を得ようとした外交である。

王は九一一年八月にも後梁に使節を送り、九一二年五月には王子の大光賛《だいこうさん》を派遣して貢上したから、太祖（朱温）から銀器を賜わっている。このとき、渤海の首領が大光賛に随っていた。揺らぐ渤海王権のもとで、首領層の動きが活発化した現れである。首領を介して周縁を統治する渤海王権の保証を唐に代わって後梁に求めようとした模索である。

さらに、九一八年二月、渤海は後梁や高麗とともに契丹《きったん》族の遼に使者を派遣し貢ぎ物をした。西に遼が勢力を強めたから、後梁のみに通交してはいられなくなった。

翌年二月、遼は遼陽の故城を修築したが、ここに渤海の民戸が移住させられた。遼の拡張は渤海をその西辺から侵食し始めたのである。それは民戸の境外への流出から始まり、流出はやがて渤海に統率されてきた靺鞨《まつかつ》諸族にも首領を単位にひろまり加速していく。

ついで、九二四年正月には王子の大禹謨《だいうぼ》が、また五月に王姪の大元譲《だいげんじょう》が後唐に派遣され、荘宗から金綵《きんさい》を賜わり、八月にも王姪の大元謙が後唐に朝貢した。渤海はこうした二重三重の国際関係を結ぶことによって、中国とその周辺を覆う五代の混乱に必然的に巻き込まれることになった。

渤海はこの年五月に、契丹の遼州を襲い、刺史《しし》の張　秀実《ちょうしゅうじつ》を殺害し、また民を掠奪したから、七月には契丹の耶律阿保機《やりつあぼき》の攻撃を受けはじめた。

翌九二五年二月には、政堂省の守和部少卿《しゅわぶしょうけい》賜紫金魚袋《ししきんぎょたい》の裴　璆《はいきゅう》を後唐に派遣し、「人参、松子

（松の実）、昆布、黄明、細布、貂鼠《ちょうそ》の皮被《かわごろも》一、また褥《しとね》を六、髪、靴革、奴子の二人」を献上した。裴璆はこれより先の九〇七年と九一九年には日本に使行したことがあり、その父の裴頲以来の外交手法が期待されたのであろうが、渤海はいまや外交が国家の命運を決定的に左右する局面にあったのである。

大諲譔の屈辱

しかし、後唐は渤海の頼りとするところではなかった。渤海の南では、九一八年に王建が高麗《こうらい》を建国していたが、九二五年に宮城の東の魚堤に蟾《せん》（ヒキガエル）が夥《おびただ》しく現れ、宮城にも長さ七〇尺（およそ二一メートル）の蚯蚓《きゅういん》（ミミズ）が現れたから、高麗の都人はこれを渤海人が高麗に来投する兆しと噂したという。『高麗史』にはこれ以降、渤海人の集団的な来投が頻繁に記録される。

大諲譔は二〇〇余年の渤海王国の命運をかけて中原の後梁や後唐に臣属し、また遼にも通交した。ところが、九二四年五月の遼州攻めと刺史の張秀実の殺害を契機に耶律阿保機の反撃は強まり、大諲譔は盛んに後唐へ朝貢して遼の攻撃に備えたものの、かつての唐のような統一帝国でない後唐は頼りにならなかった。

ついに、九二五年十二月、耶律阿保機は詔を発して「渤海の世讐はいまだ雪《そそ》がず。挙兵し渤海の大諲譔を征討せん」と宣言し、九二六年正月、挙兵して渤海の西端の扶余《ふよ》府を陥《おと》し、ついで上京竜泉府を囲んで大諲譔を降伏させた。

大諲譔と王妃の二人は阿保機の軍門に下ると、名を奪われて阿保機と后が乗る馬の名が二人に付けられ、烏魯古《うろこ》と阿里只《ありし》と改名させられるという屈辱に甘んじなければならなかった。

ここに、二二九年間の王国は阿保機の軍に滅んだ。しかし、王権は崩壊しても渤海人とその文化は今しばらく東北アジアに輝きを保つことになる。

渤海の社会は矛盾を露呈して内部から崩壊したのではなかった。むしろ、渤海は成熟した社会をいまだ保っていたという印象を受ける。ソウルの梨花女子大学校の申瀅植教授は、渤海の滅亡は防衛体制が不十分であり、平和であったことにも一因があると、筆者に語ったことがある。韓国の現代的な見方がそこには窺えるが、一理あると思われる。

亡国の外交官

この間、大諲譔《だいいんせん》は遣日本使を二度送り出した。まず、九〇七年秋ごろ、文籍院少監の裴璆《はいきゅう》を大使とする遣日本使を送り出した。一行はおそらく一〇五人であったであろうが、伯耆《ほうき》に着岸した報は翌九〇八年正月八日に解文《げぶみ》によって平安京に知らされた。

裴頲の子・裴璆の渡海

三月になると、一行は存問《ぞんもん》兼領客使の藤原弘文《ひろふみ》と秦維興《はたのこれおき》を伯耆に迎えた。四月二日には菅原道真の子の淳茂《あつしげ》と紀淑光《きのよしみつ》が掌客使に、また小野葛根《くずね》と藤原守真《もりざね》が領客使に充てられ、応接の準備が進んでいた。

四月二十一日には、一行は今来の河辺（兵庫県西宮付近）に進み、曲宴の歓迎を受け、二十六日には前回の遣日本使であった父裴頲《はいてい》の入京の例と同じく騎馬にて入京することとなった。

五月十二日には、一三年前に会った裴頲の子が今回大使としてやってきたという感慨と惜別の心を述べた法皇（宇多《うだ》天皇）の書を、裴璆は賜わった。十四日には朝集堂にて裴璆は従三位を受け、また送別の饗宴が開かれたが、午後には雷電風雨が激しく饗宴は中止となり、翌十五日に引き継がれた。この日、裴璆らは大諲譔に宛てられた賜わり物等のほかに勅書と牒《ちょう》を受けた。

裴璆らが六月に帰国することとなるや、鴻臚《こうろ》館にて掌客使の菅原淳茂らの文士から餞別の宴を受けた。

『和漢朗詠集《わかんろうえいしゅう》』巻下と『扶桑集《ふそうしゅう》』巻七にはこの宴での菅原淳茂の詩が、また『本朝文粋《ほんちょうもんずい》』と『古今著聞集《ここんちょもんじゅう》』巻四には大江朝綱《おおえのあさつな》が再会の日の遠いことを悲しんだ惜別の詩の「夏夜に鴻臚館に北客を餞《おく》る」が記録されている。淳茂は菅原道真の遺児であったが、父が裴璆の父の裴頲を賓待しており、淳茂は裴璆とは同年齢であったから、父子二代にわたる日渤の外交を感慨深く詠じた。しかし、裴璆の使命は国難を背景にした日本への通交であったから、淳茂の感嘆はどのように裴璆に響いたであろうか。

木ノヅブリ丸と石ノザブリ丸

大江匡房《まさふさ》の談話を集めた『江談抄《ごうだんしょう》』（一一一一年）には、延喜（九〇一～九二三）のこととして渤海の遺日本使の名を巡る逸話が記録されている。それは渤海の牒に「井木」と「井石」と記された文字を、紀長谷雄《きのはせお》（八四五～九一二）が即座に「木ノヅブリ丸」「石ノザブリ丸」と読みあげるや、なんと二人の渤海人が返答し

図10　渤海の文字瓦

たという。

紀長谷雄が延喜年間に応接した渤海の遣日本使とはこの裴璆の一行である。二人の名を丼と丼とする記録もあるが、優雅な書法が外交の正否を左右しかねない東アジアの外交の場面では、牒の歴名が判読の困難な書体であったとは思えない。この逸話は紀長谷雄の即妙な判断を誉めるが、そこにつぎのような歴史を読み取れないであろうか。

すなわち、渤海の瓦に一文字を□や○で囲った印を推したものが出土しているが、このような文字であったか、あるいは、渤海の官人は一字姓と二字名の唐風であるが、このころの遣日本使のなかには官位を持たない六五人の首領がおり、さらにそのなかの八人が入京を許されたが、この入京した大首領が饗宴に招かれ、無位の首領は唐風の姓名を持たず、なお靺鞨《まつかつ》諸族の民族名の音を音写していたために、紀長谷雄には不可解な文字遣いの名と映ったのではなかろうか。この二人の名の逸話をもって渤海に国字があったとはやはり即断できない。

最後の遣日本使

大諲譔は前使の裴璆の帰国から一一年余を過ぎた九一九年秋に再び裴璆を大使とする遣日本使の一行一〇五人を送った。今回は裴璆は政堂省信部少卿の任にあった。

一行が若狭《わかさ》に到着したことは十一月十八日に平安京に知らされ、越前の松原駅館に入って後に入京することになった。十二月五日には橘惟親《たちばなのこれちか》と依知秦広助《えちはたのひろすけ》が存問使に、また大和有卿《やまとのありきみ》が通事に任命され、京では裴璆らを賓待する準備が進んだが、それは前回の例よりも簡素化の方向であった。

翌九二〇年三月には一行は時服を賜わり、五月五日には裴璆らの入京の日が決まって、その間は官人は官位による衣服の制限がはずされたが、重明親王は黒貂の裘衣を八枚も重ね着して裴璆に誇ったほどであった。また使節は在京の間に毎日新鮮な鹿二頭を供されることになった。

五月七日には唐語に通じた大蔵三常《おおくらのみつね》が通事に任ぜられたが、それは裴璆が後の九二五年に後唐に使いするように唐語に熟達していたからであろう。八日に入京した裴璆ら二〇人は鴻臚館に入り、十日には裴璆は前回得た従三位の官位は上がって正三位を受けた。十一日には八省院（朝堂院）において王啓と信物を献上し、翌十二日には豊楽院にて饗宴が開かれ、十五日には裴璆の別貢物が蔵人所に進上され、十六日には朝集堂で再び饗宴が催され、大諲譔に宛てた醍醐《だいご》天皇の信物を受けた。十七日には宇多法皇から書を受け、十八日には太政官の返牒を受け、領帰郷渤海客使の坂上恒蔭《さかのうえのつねかげ》らに案内されて裴璆らは帰国の途についた。

ところが、一行のなかの四人が帰国の船に乗らなかったことが、六月二十六日に坂上恒蔭から平安京に知らされると、先の八一〇年に高多仏《こうたふつ》が残留した前例にならって、四人は越前に安置されることになった。四人が遣日本使中のどのレベルの人であったか不明であるが、耶律阿保機《やりつあぼき》の前に劣勢な故国の前途に不安を抱いて亡命したのかもしれない。

裴璆の苦渋

裴璆が帰国した渤海は前述のように契丹《きったん》の攻勢をうけ、対外関係の運営に苦慮していた。このなかにあって裴璆は「政堂省守和部少卿賜紫金魚袋《せいどうしようしゆわぶしようけいしきんぎよたい》」として九二五年二月に後唐に使いし、方物と女口を献上した。九一九年に日本に使いしたときは「信部少卿」であったから、「和部」とは政堂省に属する左右の六司の上位の官職であろう。

さて、渤海が九二七年正月に滅びると、裴璆は渤海故地の主要部を占めた東丹国《とうたんこく》に迎えられ、日本と後唐にも通った外交経験が活用されることになった。

九二九年秋、裴璆は東丹国の使者として日本に向かい、十一月二十四日に丹後の竹野郡の大津浜に到着した。三度目の渡海であった。翌年三月、裴璆は「怠状《わび》」を提出した。前回は渤海の使者としてやって来たが、今回は渤海を降伏させた契丹の分国にも等しい東丹国の使者である経緯を述べた内容であろう。

裴璆といえば先に渤海の遣日本使として二度やって来ていたから、四月に東丹国の使者であることを問われると、裴璆は応答するに苦慮してその言葉は前後矛盾していたという。また、今や東丹国の臣でありながら東丹王の罪悪を言い立てたから、「一日、人臣たる者、あに其れかくの如《ごと》からんや」とたしなめられる始末であった。

裴璆は亡国の臣から征服国の臣に迎えられた身である。渤海は日本と盛んに通交し、自身も先に二回渤海の遣日本使として通交した立場から東丹国を非難したのだろうが、かえって裏目に出てしまった。亡国の遺臣の苦渋である。

遺民の動向

契丹治下の渤海人

東丹国《とうたんこく》では、王の耶律倍《やりつばい》が弟の耶律徳光《とくこう》（太宗）の圧迫から逃れ、九三〇年十一月に後唐に亡命すると、九三六年に契丹《きったん》に併合された。

契丹の太宗は渤海故地の主要部に居住する渤海人を統治する手法として「漢法」を採用した。すなわち、渤海が独自の律令法を定めていたかは不明であるが、その政治社会は新羅とも共通して唐の律令を参酌していたことに順応した施策である。

二二九年間の渤海国はアジア大陸の東北部にあって、遊牧と狩猟の生活から徐々に進展して農耕生活を基盤とする定着型の社会、換言すれば戸を単位として人身の把握と統治が可能な社会に変化していた。

その一方では、首領を通した間接的な統治の社会が渤海の統治の間にその領域は縮小されながらも存続しており、また黒水靺鞨《こくすいまつかつ》などはその勢力圏が北方へ押しやられていたが、渤海の降伏と東丹国の混乱などにより、首領に引率された靺鞨諸族の社会も南下し、また契丹の統治下に入る者も現れたであろう。ここに、遼の漢法による統治と首領を介した部族統治とを併用した二元的政治社会が進展することになる。

さて、大中祥符二年（一〇〇九）に契丹に使いした北宋の王曾《おうそ》は、中京道を通過する行程で、柳河館の西北にある鉄冶では、渤海人が砂鉄を採取し製鉄していたことを記録し、さらに進んで富谷館では、渤海人が車を製造していたことを記録している（『続資治通鑑長編』巻七九。『契丹国志』巻二四・王沂公行程録）。

この土地では渤海人は集会して歌い、かつ「踏鎚《とうつい》」と呼ばれる舞を楽しみ、住居は山牆《さんしょう》（山の連なり）に向かって門を開く習俗を維持していた、という。亡国からおよそ一〇〇年を経たが、渤海人は東北部の社会にその生活と文化のアイデンティティを保っていたのである。

高麗治下の渤海人

渤海人が南の高麗《こうらい》国へ移住する例は、九二五年三月に高麗の宮城に蟾《せん》（ヒキガエル）や七〇尺（およそ二一《メートル》）の蚯蚓《きゅういん》（ミミズ）が現れた変異の年から始まっている。この年九月には渤海将軍の申徳《しんとく》が五〇〇人を引き連れて高麗に亡命した。この月には礼部卿の大和鈞《だいわきん》均老《きんろう》と司政の大元鈞《だいげんきん》、工部卿の大福謩《だいふくよ》、左右衛将軍の大審理《だいしんり》らが一〇〇戸の民を率いて高麗に亡命した。「是より其の国人、来奔する者相継ぐ」と『高麗史』巻一・太祖世家にあるように、渤海人の高麗への亡命は九七九年の「是歳、渤海人数万来投す」までつづく。

東丹国や契丹の変動は渤海人の高麗への亡命を加速する。同じく九二五年十二月には左首衛《さしゅえい》小将の冒豆干《ぼうとうかん》と検校開国男《けんこうかいこくだん》の朴漁《ぼくりよう》が一〇〇〇戸を率いて、また九二七年三月には工部卿の呉興《ごこう》ら五〇人と僧の載雄《さいゆう》ら六〇人が高麗に亡命した。九二八年三月には金神《きんしん》らの六〇戸が、七月にも大《だい》儒範《じゆはん》らが亡命し、九月には隠継宗《いんけいそう》らが高麗の宮殿の天徳殿において太祖（王建）の前に国を失った者がする「三拝の礼」をささげて亡命した。

九二九年六月には洪見《こうけん》らが船二〇艘で高麗に入り、九月にも正近ら三〇〇余人が高麗に入ったが、このころは東丹国が契丹の太宗に圧迫されていた時期である。

九三四年七月には大諲譔の世子の大光顕《だいこうけん》が数万の民を率いて高麗に亡命した。高麗の太祖・王建は大光顕に同姓の王氏の姓と、継の名を与えて王継《おうけい》と改名させ、高麗の王族に加え、白州（黄海道）の地を与えて渤海王家の祭祀を保持させた。九三八年にも朴昇《ぼくしょう》が三〇〇〇余戸を率いて、また、九七九年には数万が高麗に亡命した。

滅亡後半世紀たっても渤海の官人や民が渤海人であることを称して南の高麗に亡命したが、それは渤海の主要部を占めたかの高句麗の故地に住んだ渤海人が、高句麗の復興を建国の理念とした王建の高麗に安堵を得ようとしたのか、また、高麗の理念に希望を持って南にくだったのであろう。定着農民化した渤海人は南の高麗社会に移住することには大きな抵抗はなかったであろう。

参考文献

『対岸諸国における渤海研究論文集』（北陸電力、一九九七年）
「特集・渤海と古代東アジア」『アジア遊学』6（勉誠社、一九九九年七月）
石井正敏「初期日渤交渉における一問題――新羅征討計画中止との関連をめぐって――」（『史学論集　対外関係と政治文化』対外関係編、吉川弘文館、一九七四年）
石井正敏「日渤交渉における渤海高句麗継承国意識について」（『中央大学　大学院研究年報』四号、一九七五年三月）
石井正敏「渤海の日唐間における中継的役割について」（『東方学』五十一輯、一九七六年一月）
上田雄・孫栄健『日本渤海交渉史』（六興出版、一九九〇年）
王承礼（古畑徹訳）「唐代渤海『貞恵公主墓志』と『貞孝公主墓志』の比較研究」（『朝鮮学報』百三輯、一九八二年四月）
大隅晃弘「渤海の首領制――渤海国家と東アジア世界――」（『新潟史学』十七号、一九八四年十月）
小野勝年『入唐求法巡礼行記の研究』第三巻（鈴木学術財団、一九六七年）
金子修一「唐代冊封制一班――周辺諸民族における『王』号と『国王』号――」（『西嶋定生博士還暦記念　東アジア史における国家と農民』山川出版社、一九八四年）

金子修一「中国皇帝と周辺諸国の秩序」(『新版 古代の日本』二、角川書店、一九九二年)
金子修一「唐朝より見た渤海の名分的位置付けについて」(『東アジア史における国家と地域』唐代史研究会報告・第八集、一九九九年、刀水書房)
河上 洋「渤海の交通路と五京」(『史林』七十二巻六号、一九八九年十一月)
北村秀人「高麗時代の渤海系民大氏について」(『三上次男博士喜寿記念論文集』歴史編、平凡社、一九八五年)
駒井和愛『中国都城・渤海研究』(雄山閣出版、一九七七年)
佐伯有清『円仁』(吉川弘文館、一九九八年)
酒寄雅志「渤海通事の研究」(『栃木史学』二号、一九八八年三月)
酒寄雅志「渤海の王都と領域支配」(『古代文化』五十巻九号、一九九八年九月)
末松保和「新羅の郡県制、特にその完成期の二・三の問題」(『新羅の政治と社会』下・末松保和朝鮮史著作集二、吉川弘文館、一九九五年)
鈴木靖民「渤海の首領に関する予備的考察」(『古代対外関係史の研究』吉川弘文館、一九八五年)
朱 栄 憲『渤海文化』(在日本朝鮮人科学者協会歴史部会訳、雄山閣出版、一九七九年)
朱国忱・魏国忠『渤海史』(佐伯有清監訳・濱田耕策訳、東方書店、一九九六年)
田島 公「奈良・平安初期の対外交流」(『福井県史』通史編1、第四章・第五節、福井県、一九九三年)
鳥山喜一『失われた王国──渤海国小史──』(翰林出版、一九四九年)

鳥山喜一『渤海史上の諸問題』（風間書房、一九六八年）
新妻利久『渤海国史及び日本との国交史の研究』（東京電機大学出版局、一九六九年）
西嶋定生『日本歴史の国際環境』（東京大学出版会、一九八五年）
西谷　正「唐・章懐太子李賢墓の礼賓図をめぐって」（『古文化論叢』児嶋隆人先生喜寿記念論集、一九九一年）
濱田耕策「渤海国王の即位と唐の冊封」（『史淵』一三五輯、一九九八年三月）
濱田耕策「渤海国の京府州郡県制の整備と首領の動向」（『白山学報』五十二号、ソウル、一九九九年三月）
濱田耕策「渤海国王位の継承と副王」（『年報朝鮮学』七号、一九九九年九月）
古畑　徹「渤海建国関係記事の再検討――中国側史料の基礎的研究――」（『朝鮮学報』百十三輯、一九八四年十月）
古畑　徹「唐渤紛争の展開と国際情勢」（『集刊東洋学』五十五号、一九八六年五月）
古畑　徹「渤海使の文化使節的側面の再検討――渤海後期の中華意識・対日意識と関連させて――」（『東洋史論集』六輯、一九九五年一月）
古畑　徹「後期新羅・渤海の統合意識と境域観」（『朝鮮史研究会論文集』三十六、一九九八年十月）
三上次男『高句麗と渤海』（吉川弘文館、一九九〇年）
李　成市『東アジアの王権と交易』（青木書店、一九九七年）

〔韓国・中国文献〕

王承礼『渤海簡史』（黒竜江人民出版社、一九八四年）
宋基豪『渤海政治史研究』（一潮閣、一九九五年）
韓圭哲『渤海의対外関係史』（ソウル、一九九四年）
金毓黻『渤海国志長編』上・下（社会科学戦線雑誌社、一九八二年）
林相先『渤海의地方勢力研究』（新書苑、一九九九年）
韓国国史編纂委員会『韓国史』十・渤海（一九九六年）
高句麗研究会編『渤海建国一三〇〇周年』（한연문화사、一九九九年）

あとがき

二二九年にわたる渤海国は一体どのような歴史を経て滅亡したのか、本書はまずこの点を明らかにすることを課題として綴ってきた。渤海国は契丹《きったん》に降《くだ》ったために、その国史は契丹国では編纂されなかった。そのために、渤海史は渤海が交通した東・西・南に隣りする日本と唐と新羅《しらぎ》の記録に頼ることになる。本書に外交と交流の叙述が多いことはこれによる。

ところで、筆者が渤海国史に関心を抱いたのは、大学院生時代に、青山学院大学から学習院大学に出講されていた故三上次男先生の演習に参加して以来である。先生は「陶磁の道」の踏査で多忙であられたが、「東夷」民族の遺跡調査の思い出などをよく話された。今に懐かしい記憶である。

さらに、当時筆者は新羅史研究に取り組んでいたが、筆者の研究関心を新羅と渤海の二つの歴史に導いたのは、朝鮮史研究会会長の故旗田巍先生から翻訳を薦められた李佑成先生の「南北国時代와崔致遠《さいちおん》」(『創作와批評』第一〇巻第四号、一九七五年冬)の歴史論であった。

朝鮮の歴史は、中国諸王朝にたいする事大性や、南北から頻りに侵略を蒙った面を強調する史観にややもすると陥るが、これでは朝鮮史を見る視点が固定化してしまうこと、また、渤海史とこれに先行する高句麗《こうくり》、扶余《ふよ》など東北アジアの諸民族の歴史を視野においた視角から朝鮮史を再構成すべきことを李論文から教わったのである。

本書を『渤海国興亡史』と題したのは、これまでの渤海史研究の視角が、日本、朝鮮、中国、ロシアのいわば渤海国の外から、これを自国史に引きつけようとしたことから離れることを第一の課題としている。それは、鳥山喜一著『失われた王国——渤海国小史——』を念頭において、この〝失われた〟との歴史観からも離れるためである。鳥山の書は「満州国」に渤海国の遺跡を広く調査した自己の歴史をその著述の背景に置き、名著の誉れ高かった。そこから五十年を経た今日、周辺国の歴史的な事情に引き裂かれない渤海国史を構想することが求められている。本書の意図はここにある。

また、〝興亡史〟としたことは、亡き恩師末松保和先生の『任那《みまな》興亡史』(『古代の日本と朝鮮』末松保和朝鮮史著作集四、吉川弘文館、一九九六年)の深い考察を著述に盛り込んだ文脈を慕ったからでもある。

大学院以来、幸運にも数多く賜わった学恩に応えるべく、また、申瀅植教授や宋基豪教授を初めとする多くの韓国の古代史研究者との交流にも応えるべく、本書をまとめた。先行の諸業績を十分に消化してない点があるかと恐れるが、文献史料の批判的検討に力点を置いて叙述した。渤海史像が読者諸兄姉に伝われば望外の幸せである。

末筆ながら、歴史文化ライブラリーに渤海史の執筆を薦めて下さった佐伯有清先生に、これまでの学恩をふくめ感謝の意を表したい。

二〇〇〇年九月

濱　田　耕　策

著者紹介

一九四九年、大分県に生まれる
一九七二年、北海道大学文学部史学科（東洋史）卒業
一九八〇年、学習院大学大学院博士課程退学
現在、九州大学教授

主要論文

新羅の神宮と百座講会と宗廟（『東アジア世界における日本古代史講座』九、一九八二年、学生社）　新羅王権と海上勢力－特に張保皐の清海鎮と海賊に関連して－」（『東アジア史における国家と地域』一九九九年、刀水書房）

歴史文化ライブラリー
106

渤海国興亡史

二〇〇〇年（平成十二）十一月一日　第一刷発行

著　者　濱《はま》田《だ》耕《こう》策《さく》

発行者　林　英男

発行所　株式会社　吉川弘文館
東京都文京区本郷七丁目二番八号
郵便番号一一三－〇〇三三
電話〇三－三八一三－九一五一〈代表〉
振替口座〇〇一〇〇－五－二四四
印刷＝平文社　製本＝ナショナル製本
装幀＝山崎　登

歴史文化ライブラリー

1996.10

刊行のことば

現今の日本および国際社会は、さまざまな面で大変動の時代を迎えておりますが、近づきつつある二十一世紀は人類史の到達点として、物質的な繁栄のみならず文化や自然・社会環境を謳歌できる平和な社会でなければなりません。しかしながら高度成長・技術革新にともなう急激な変貌は「自己本位な刹那主義」の風潮を生みだし、先人が築いてきた歴史や文化に学ぶ余裕もなく、いまだ明るい人類の将来が展望できていないようにも見えます。このような状況を踏まえ、よりよい二十一世紀社会を築くために、人類誕生から現在に至る「人類の遺産・教訓」としてのあらゆる分野の歴史と文化を「歴史文化ライブラリー」として刊行することといたしました。

小社は、安政四年(一八五七)の創業以来、一貫して歴史学を中心とした専門出版社として書籍を刊行しつづけてまいりました。その経験を生かし、学問成果にもとづいた本叢書を刊行し社会的要請に応えて行きたいと考えております。

現代は、マスメディアが発達した高度情報化社会といわれますが、私どもはあくまでも活字を主体とした出版こそ、ものの本質を考える基礎と信じ、本叢書をとおして社会に訴えてまいりたいと思います。これから生まれでる一冊一冊が、それぞれの読者を知的冒険の旅へと誘い、希望に満ちた人類の未来を構築する糧となれば幸いです。

吉川弘文館

〈オンデマンド版〉
渤海国興亡史

歴史文化ライブラリー
106

2017年（平成29）10月1日　発行

著　者　濱《はま》田《だ》耕《こう》策《さく》
発行者　吉川道郎
発行所　株式会社　吉川弘文館
〒113-0033　東京都文京区本郷7丁目2番8号
TEL　03-3813-9151〈代表〉
URL　http://www.yoshikawa-k.co.jp/

印刷・製本　大日本印刷株式会社
装　幀　清水良洋・宮崎萌美

濱田耕策（1949〜）

ISBN978-4-642-75506-1